우리가 지켜야 할 우리 나무

느티나무

우리가 지켜야 할 우리 나무
느티나무

고규홍

다산기획

나무와 더불어 살아가는
아름다운 내일을 꿈꾸며

　천 년을 품어온 나무의 이야기를 들으려 온종일 나무 주위를 서성이면서 나는 십이 년의 세월을 온전히 나무 앞에 내어놓고 살아왔어요. 나무의 속살거림에 몰두할수록 나무들은 나를 반겨 맞이했고, 숨겨두었던 이야기들을 넉넉하게 풀어냈습니다.

　나무들은 빨강·파랑·노랑, 짙은 색 크레파스로 색칠한 것만큼 아름다운 이야기를 조근조근 들려주었어요. 모두가 동화처럼 아름답고 따뜻한 이야기들이었지요. 그리 아름다운 이야기만 골라서 들려준 건 아마 나무들도 이 땅의 아이들을 먼저 떠올린 까닭일 거예요. 나무들을 찾아다닌 모든 길에는 언제나 아이들의 아름다운 마음이 함께했지요. 덕분에 나무를 찾아다니는 고된 길이 즐겁고 행복했습니다.

　나무를 찾아다니며 나무 이야기를 들으려 했는데, 나무는 내게 사람 이야기를 들려주었습니다. 나무가 들려준 이야기는 이 땅에서 살아온 우리 아버지, 아버지의 아버지, 또 그 아버지의 아버지들이 살아온 평범한 살림살이 이야기였어요. 나무에 기대어 앉아 나무줄기에 귀 기울이면, 내 어머니 아버지가 살아온 옛이야기를 듣는 것처럼 편안하고 따뜻했습니다.

　나무는 우리 조상의 삶 자체였어요. 나무줄기 속, 보이지 않는 나이테에 기록된 건 수백 수천 년을 이어온 우리 민족의 문화였고, 역사였습니다. 나무는 그렇게 긴 세월 동안 줄기 속에 고이 담아두었던 숱한 이야기들을 천천히 그러나 끊임없이 들려주었습니다. 한 번 풀어내기 시작한 나무들은 어떤 이야기책이나 역사책 못지않게 풍성한 이야기들을 풀어 놓았지요.

　이야기들은 하나같이 흥미진진했고, 어머니의 품처럼 따뜻했습니다. 나무가 삼백 년, 오백 년, 혹은 천 년이 넘도록 자신의 이야기를 흥미롭게 들어줄 사람들을 기다려 왔던 까닭이겠지요. 그 나무 앞에 내가 서 있다는 게 무척 행복했고 자랑스러웠습니다.

그렇게 이 땅을 지키며 살아온 대표적인 나무가 소나무·느티나무·은행나무입니다. 우리 민족 문화의 가장 중요한 알갱이가 바로 이 세 종류의 나무에 담겨 있어요. 우리나라 사람들이 가장 좋아하는 소나무에는 선비들의 지조와 절개가 담겨 있고, 마을 어귀마다 서 있는 느티나무에는 지극히 평범한 우리 어머니 아버지의 삶이 생생하게 녹아 있어요. 또 살아 있는 생명체 가운데 가장 강인한 생명력을 가진 은행나무는 불교와 유교의 건축물과 선비들의 글방 앞에서 학문 연구의 상징으로 살아남았습니다.

세 종류의 나무 이야기를 한꺼번에 우리 아이들에게 들려줄 수 있게 돼 참으로 기뻐요. 지금 이 책을 펼쳐든 아이들이야말로 이 땅의 내일을 더 아름답게 꾸며나갈 주인들이라는 생각에서 더 그렇습니다.

이제 가만히 나무 그늘에 들어서서 나무가 내쉬는 날숨을 한껏 들이마시고, 또 내 몸을 돌아 나온 나의 날숨은 나무에게 꼭 필요한 들숨이 된다는 걸 느껴야 합니다. 그렇게 나무와 더불어 살아 있음을 느끼는 순간이 곧 이 땅의 내일을 더 아름답게 이루어낼 수 있는 마음 다짐의 첫걸음이기 때문이에요.

소나무·느티나무·은행나무들이 풀어낸 이야기를 담아낸 이 세 권의 책이 아이들의 그 힘찬 걸음걸이에 힘을 보탤 수 있기를 바랍니다. 그래서 우리 아이들과 함께 이 땅의 내일이 더 아름답고 풍요롭게 다가오기를 간절히 소망합니다.

2010년 겨울
고규홍

차례

나무와 더불어 살아가는 아름다운 내일을 꿈꾸며 · 4

고맙다, 느티나무야! · 8

　나무가 좋다! 우리나라에서 가장 아름다운 느티나무 · 12
　괴산 오가리 느티나무

1부_ 느티나무는 어떤 나무일까?

느티나무는 어디에서 살까? · 22

　나무가 좋다! 논밭 한가운데에서 홀로 자라는 느티나무 · 26
　영주 안정면 단촌리 느티나무

　나무가 좋다! 강가에 홀로 서 있는 느티나무 · 30
　두물머리 느티나무

　나무가 좋다! 산꼭대기에 우뚝 서 있는 느티나무 · 34
　부여 성흥산성 느티나무

느티나무도 꽃을 피울까? · 40

　나무가 좋다! 최초로 문화재가 된 느티나무 · 44
　삼척 도계읍 도계리 긴잎느티나무

　나무가 좋다! 줄기 둘레가 유난히 굵은 느티나무 · 48
　김제 봉남면 행촌리 느티나무

느티나무는 얼마나 오래 살까? · 52

　나무가 좋다! 생로병사를 함께하는 느티나무 · 56
　남해 고현면 갈화리 느티나무

　나무가 좋다! 다른 생명의 보금자리가 된 느티나무 · 60
　청량사와 해인사의 느티나무 고사목

느티나무는 어디에 쓰일까? · 66

　나무가 좋다! 곽재우 장군이 의병 훈련 때 쓴 나무 · 70
　의령 현고수

　나무가 좋다! 독립투사를 도운 느티나무 · 74
　영동 학산면 박계리 느티나무

2부_ 느티나무와 우리 문화

마을 사람들의 넉넉한 쉼터인 정자나무 · 80

나무가 좋다! 마을 보금자리에 심은 느티나무 · 84
남원 보절면 진기리 느티나무

나무가 좋다! 농사꾼들의 쉼터인 정자나무 · 88
양주 남면 황방리 느티나무

간절한 소원을 들어주는 당산나무 · 92

나무가 좋다! 마을 공동 재산으로 당산제를 올리는 나무 · 98
장수 천천면 봉덕리 느티나무

나무가 좋다! 나쁜 귀신을 막아주는 신통한 나무 · 102
영주 순흥면 영풍 태장리 느티나무

전설 속에 살아 있는 나무 · 106

나무가 좋다! 할아버지를 구한 개를 기념하는 나무 · 112
오수의 개 느티나무

나무가 좋다! 지는 해를 붙들어 맨 천년수 · 116
두륜산 만일암 느티나무

3부_ 느티나무와 우리 역사

기쁠 때나 슬플 때나 더불어 살아가는 나무 · 124

나무가 좋다! 삶과 죽음의 경계를 지켜본 느티나무 · 128
익산 여산동헌 느티나무

백성을 어질게 다스리는 표본 나무 · 132

나무가 좋다! 한 시대의 위인을 기념하는 나무 · 136
함양 학사루 느티나무

4부_ 우리 느티나무 지키기

우리 주위의 나무들을 바라보아요! · 142

나무가 좋다! 폐교 운동장에 서 있는 늠름한 느티나무 · 149
화순 야사리 이서분교 느티나무

나무가 좋다! 어린 시절의 추억을 간직한 느티나무 · 154
담양 대전면 대치리 느티나무

찾아보기 · 158

고맙다, 느티나무야!

햇살이 뜨거워 가만히 앉아 있어도 땀이 삐질삐질 흐르는 여름이면 여러분은 무엇이 생각나나요? 선풍기? 에어컨? 선풍기는 그렇다 하더라도 에어컨은 한참 켜놓으면 실내 공기가 탁해져서 답답하지 않나요? 견디기 힘들 만큼 무더운 여름이라면 어쩔 수 없이 에어컨을 켜게 되지만 에어컨 바람은 지나치게 차가워 건강에 그다지 좋지 않아요. 게다가 에너지의 소비가 많아 우리 지구가 점점 더 뜨거워지는 데 한몫하니 자연환경에도 좋지 않습니다.

　에어컨도 선풍기도 없던 옛날, 무더운 여름 한낮을 사람들은 어떻게 보냈을까요? 에어컨을 켜놓은 것처럼 시원한 곳이 있다면 당연히 그곳을 찾아갔겠지요. 그런 곳이 있었어요. 에어컨 바람보다 훨씬 청량하고 멋진 곳이랍니다. 요즘도 시골에 가면 쉽게 찾을 수 있어요. 바로 마을 어귀에 있는 정자나무 그늘이에요. 그깟 나무 그늘이 에어컨보다 시원하겠느냐고요? 이건 절대로 부풀려서 하는 말이 아니에요. 처음 나무 그늘에 들어서면, 에어컨 바람으로 서늘해진 방 안에 들어갔을 때처럼 갑자기 시원하진 않아요. 그러나 조금 지나면 그 말이 진짜라는 걸 알 수 있습니다. 나무 그늘에 앉아 있으면 참 시원합니다. 에어컨 바람으로 시원하지만 꽉 막힌 방과는 비교할 수 없습니다. 바람 솔솔 불고, 매미까지 노래를 불러 준다면 그야말로 환상이지요. 바람이 잘 통하니 공기 중에는 습기가 적당하고, 계속해서 밀려오는 새로운 공기는 더없이 상쾌합니다. 그렇게 한참 앉아 있으면, 해 질 녘에는 팔뚝에 소름이 돋을 만큼 서늘한 게 사실이랍니다.

마을마다 어김없이 한 그루씩 있는 정자나무 중 가장 흔한 나무가 바로 느티나무입니다. 우리나라 사람들이 가장 좋아하는 나무는 소나무지만, 가장 친밀한 나무로 치면 아마도 소나무가 느티나무를 따를 수 없을 겁니다. 우리나라 숲에 소나무가 많은 건 사실이지만, 마을 어귀에서, 달리 말하면 사람들과 가장 가까이에서 자라는 큰 나무는 느티나무가 소나무보다 훨씬 더 많답니다.

우리나라의 숲과 나무를 관리하는 산림청의 자료를 보면, 현재 살아 있는 나무 가운데 보호수로 지정한 나무 종류 중에는 느티나무가 가장 많답니다. 보호수가 뭐냐고요? 말 그대로 보호할 가치가 있는 나무를 국가에서 지정해 보살펴 주는 나무를 말합니다. 보호수 가운데에는 광역시나 도청, 군청 등 지자체에서 지정하는 나무도 있습니다. 모두가 우리 곁에서 오래도록 함께 살면 좋겠다고 여겨지는 나무들이지요.

보호수로 지정한 느티나무는 대개 300살이 넘은 오래된 나무들이에요. 국가에서 지정한 보호수로는 소나무가 500그루쯤 되고, 느티나무는 무려 5400그루나 됩니다. 소나무보다 11배 정도 많지요.

우리 민족의 기상을 상징하는 나무가 소나무라면, 우리네 평범한 살림살이를 가장 잘 드러내는 나무는 느티나무 아닐까요? 아마도 느티나무의 생김새가 부드럽고 편안해서 사람들이 가까이하게 되었을 거예요.

마을 어귀에 서 있는 느티나무를 한번 잘 바라보세요. 줄기 하나가 듬직하게 솟아오른 뒤에 가지가 사방으로 골고루 퍼졌는데, 잘생긴 느티나무들을 보면 어느 한 쪽으로 튀거나 지나치지 않게 퍼졌거든요. 그렇게 고르게 잘 자란 모습을 흐트러뜨리지 않고 300년에서 1000년을 넘게 산다는 게 믿어지지 않을 정도지요.

그렇게 골고루 퍼진 나뭇가지에는 조금 길쭉한 잎사귀가 돋아나는데, 나무 한 가득 입니다. 소나무에서는 느끼기 어려운 푸근함이 느껴집니다. 소나무가 옛날 선비들의 꼬장꼬장함을 닮았다면, 느티나무는 언제라도 편안한 어머니의 치마폭처럼 푸근함을 닮았습니다.

사람들이 여름에 느티나무 그늘을 좋아하는 건 더위를 피하기 위해서만이 아니었어요. 느티나무 그늘에는 모기나 개미 같은 벌레들이 잘 들지 않기 때문이기도 해요. 가지도 무성하고 가지마다 돋아나는 잎사귀도 무성한 느티나무 밑은 온종일 그늘이 지지요. 아무리 무더운 여름이라도 느티나무 그늘만큼은 시원하고 바람이 잘 통해서 항상 뽀송뽀송 말라 있어요. 그러니 약간 습기 찬 곳을 좋아하는 모기들이 당연히 적겠지요. 엄마가 밭일하러 나갔을 때 느티나무 그늘에 아이를 재웠다면 일을 하면서도 걱정하지 않았을 거예요.

물론 모기가 아주 없는 건 아니에요. 얼마 전에 친구들과 느티나무 그늘에서 이런 이야기를 하고 있는데, 아 글쎄, 모기가 내 이야기를 듣기라도 했는지 콕콕 깨무는데 어찌나 황당하던지요. 방정맞은 모기 한 마리 때문에 친구들에게 허풍 친다고 야단도 들었지만, 그렇다고 옛 어른들의 말씀이 거짓말이었던 건 아니죠. 모기가 아주 없는 것은 아니지만 다른 무덥고 습기 찬 곳에 비해 적다고 생각하면 틀림없는 겁니다.

어쨌든 느티나무는 우리나라 사람들이 가장 편안하게 여기는 나무입니다. 지금도 시골 길을 가다 보면 어김없이 마을 어귀에 큰 느티나무 한 그루를 만나게 마련이지요. 그 그늘에는 평상이 놓여 있고, 그 평상에 마을 어른들이 부채를 들고 나와 앉아 있는 모습을 쉽게 볼 수 있지요.

느티나무를 이제부터 차근차근 만나봅시다. 느티나무 가운데에는 나이가 1000살을 넘긴 나무도 있어요. 그런 훌륭한 우리 느티나무를 더 오래 사랑하고 지키기 위해 서서히 길을 떠나봅시다.

우리나라에서
가장 아름다운
느티나무

나무가 좋다! 괴산 오가리 느티나무

> 느티나무는
> 사람들과 함께 어우러지며
> 살아왔습니다.

그런 점에서 여태껏 살아 있는 느티나무 가운데 가장 느티나무다우면서도 잘생긴 느티나무를 먼저 소개합니다.

자, 다 함께 충청북도의 괴산군 장연면 오가리 우령마을이라는 한적한 농촌을 찾아갑시다. 나무를 찾아가는 동안 한자 공부 하나 해야겠어요. 느티나무는 한자로 어떻게 쓸까요? 이건 좀 어려운 한자인데요. 槐 괴라는 조금 어려운 한자가 바로 느티나무를 가리킵니다.

이 글자를 한자 사전에서 찾아보면 '회화나무 괴'라면서, 다른 뜻 가운데 '느티나무'도 포함된 걸 알 수 있어요. 느티나무와 회화나무는 서로 다른 나무예요. 가지가 무성하고 울창하게 자라면서 넓게 퍼진다는 점에서 조금 비슷하다고나 할까, 그다지 비슷한 게 없거든요. 그런데 지금처럼 나무를 제대로 연구하지 않았던 옛날에는 이 두 나무를 그냥 한 이름으로 불렀던 모양입니다. 실제로 산림청에서 보호수로 지정한 나무 가운데에도 회화나무를 느티나무로 잘못 기록한 예도 있습니다.

지금 우리가 찾아갈 괴산군은 바로 느티나무 괴槐 자와 뫼 산山 자를 씁니다. 벌써 이름에서부터 심상치 않은 기운이 느껴지지 않나요? 이름에 느티나무가 들어 있으니 느티나무가 많지 않을까요? 실제로 괴산군은 꼭 느티나무만은 아니지만 오래된 나무가 참 많은 아름다운 고장이랍니다. 오래도록 나무를 아끼고 잘 키워온 곳이어서, 여러 종류의 나무들이 잘 자라고 있습니다. 특히 늙고 아름다운 나무들이 많은 곳이에요.

괴산군의 군청이 있는 괴산읍에서 꽤 떨어진 장연면 오가리로 갑시다. 장연면사무소를 조금 지나면 우렁마을이라는 작은 마을이 나오는데, 이 마을 입구에서 훌륭한 느티나무를 만나게 됩니다. 그것도 한 그루가 아니라 세 그루씩이나 만나게 되지요.

  나무들은 우렁마을로 이어지는 마을 길로 들어서기 전에도 그 우람한 생김새를 볼 수 있어서 멀리서도 쉽게 찾을 수 있어요. 마을 길 입구에는 자그마한 공장이 한 채 있고, 뒤편으로 아담한 밭이 펼쳐졌는데, 그 밭 가운데에서 마치 도시의 작은 근린공원처럼 너른 터를 잡고 서 있는 나무들을 찾을 수 있어요. 지금은 밭을 갈아엎고 공원처럼 나무가 있는 자리로 비워두었지만, 몇 년 전까지만 해도 이 자리는 그냥 밭이었어요.

  느티나무가 세 그루라 했지요. 예. 맞아요. 세 그루가 조금씩 거리를 두고 떨어져 있는데, 마을 어른들은 이 나무들이 서 있는 밭 자리를 삼괴정 三槐亭 이라고 불러요. 앞에서 한자를 공부했으니, 무슨 뜻인지 금방 알겠죠? 바로 '세 그루의 느티나무가 서 있는 정자' 라는 뜻입니다.

  줄기의 굵기로 치면 셋 중 가장 커 보이는 한 그루는 마을 길에 바로 붙어 서 있고, 다른 한 그루는 조금 위쪽으로 70미터쯤 떨어진 자리에 있지요. 나머지 한 그루는 걸어 오르던 길 왼쪽으로 100미터쯤 떨어진 조금 높은 언덕 위에 우뚝 서 있습니다. 세 그루 중에 길가에 서 있는 나무를 조금 아래쪽에 있다 해서 하괴목 下槐木, 아래느티나무라 부르고, 두 번째로 위에 있는 나무를 상괴목 上槐木, 위느티나무라 부른답니다.

  맨 위쪽에 있는 나무에는 별다른 이름이 따로 없어요. 왜 그럴까 하고 가만히 바라보면 이유를 알만도 해요. 상괴목이나 하괴목보다 작아 보이거든요. 그래서 두 그루에만 이름을 붙여준 것입니다. 천연기념물 지정을 담당하는 문화재청에서도 상괴목과 하괴목 두 그루만 하나로 묶어서 천연기념물 제382호로 지정했어요. 한 곳에 같이 있으면서도 덜 건강하다는 이유로 '왕따' 당한 것 아닌가 싶어서 좀 아쉬워요. 삼괴정 三槐亭이라는 말과 맞지 않으니 더 안타까워요.

우령마을이 처음 이곳에 자리 잡은 건 800년 전쯤이라고 합니다. 마을 어른들은 그때부터 해마다 정월 대보름이면 삼괴정 느티나무 앞에서 당산제를 지내왔습니다. 물론 지금도 당산제는 계속 지내고 있지요.

당산제는 길가에 서 있는 하괴목에서 지내니, 이 하괴목은 800년 전부터 이 자리에 있었다는 이야기가 됩니다. 그런데 당산제는 아무 나무에서나 지내는 게 아니거든요. 사람들의 소원을 하늘까지 전해줄 만큼 크고 신령스러운 나무에게 지내는 것이니, 800년 전에 처음으로 마을

당산제를 지낼 때에도 이 나무는 이미 작지 않았을 거예요. 아주 적게 잡아도 900살은 넘은 나무로 봐야 맞을 겁니다.

 하괴목은 줄기 굵기가 어마어마한 나무예요. 어른들의 가슴 높이쯤에서 나무줄기의 둘레를 재보니 9.2미터가 넘었습니다. 어른 다섯 명이 둘러서야 겨우 손을 맞잡을 수 있을 정도로 큰 겁니다. 보지 않아도 이 나무가 얼마나 큰지 알 만하죠?

실은 좀 아쉬운 게 있긴 해요. 이렇게 큰 나무가 줄기 굵기에 비해서 키가 크지 않거든요. 하괴목의 키는 20미터가 조금 넘어요. 다른 나무들보다 큰 나무이긴 하지만 줄기에 비해 작습니다.

키가 그리 크지 않은 데에는 이유가 있어요. 원래 이 나무는 지금보다 훨씬 컸어요. 줄기가 땅에서 솟아오르다가 2미터쯤 위에서 가지가 셋으로 나뉘면서 넓게 퍼졌는데, 그 중 큰 가지 하나가 부러져 없어졌습니다. 나무에 불이 났다고 합니다. 꽤 오래된 이야기인데, 나무 곁에 있던 집에서 난 불이 나무에까지 번졌다고 합니다. 그때 셋으로 갈라진 가지 가운데 큰 가지 하나가 불에 타 부러졌어요. 그 바람에 이 나무는 조금 균형이 깨진 모습이에요. 또 굵은 줄기 곳곳에는 상처들도 여럿 있어서, 이 나무의 건강이 좋다고 말하기 어려운 상태입니다.

하지만 우령마을 사람들은 여전히 하괴목 앞에서 당산제를 지냅니다. 오랫동안 마을을 지켜온 당산나무이니 나무가 좀 늙고 약해졌다고 바꿔치기할 수 없지 않겠느냐는 거예요. 실제로 나무 앞에는 당산제를 지낼 때 쓰는 돌 제단이 갖춰져 있어요. 이 넓적한 돌 제단에 제사 음식을 올려놓고 당산제를 지냅니다.

하괴목이 당산제를 올리는 나무라는 증거가 또 있어요. 나무의 줄기 부분에 새끼줄을 둘러놓았는데, 그 새끼줄을 '금줄'이라고 부릅니다. 금줄은 귀하고 신성한 나무라는 표시지요. 금줄이 둘러쳐진 나무에는 나쁜 귀신이 가까이 오지 못해요. 또 나쁜 마음을 가진 사람이 금줄 두른 나무 곁을 지날 때에는 마음을 가다듬어야 한다는 의미입니다. 최근에는 하괴목의 나뭇가지가 펼쳐진 자리 둘레로 울타리를 쳐놓고 사람들이 가까이 다가서지 못하게 했지만, 그래도 금줄은 여전히 둘러놓았답니다.

화재를 입는 바람에 하괴목이 조금 괴이쩍게 생긴 것과 달리, 하괴목에서 70미터쯤 떨어진 곳에 서 있는 상괴목은 무척 아름다운 나무입니다. 아마도 이만큼의 나이를 먹고 여전히 살아 있는 느티나무들 가운데선 가장 멋진 나무 아닌가 생각할 정도예요.

느티나무가 도대체 어떻게 생긴 나무인지 잘 모르는 분들은 우선 이 상괴목을 꼼꼼히 보세요. 왜냐하면 이 나무가 우리나라 느티나무로서는 가장 표준적인 모델이기 때문이에요. 뿌리에서 줄기가 솟아오르는 모양부터 가지 퍼짐이나 잎 나는 모습까지 느티나무의 특징을 골고루 보여줍니다. '대한민국 느티나무의 대표 모델'이라고 해도 전혀 틀리지 않을 겁니다.

상괴목은 키도 크고 줄기도 매우 굵습니다. 줄기둘레는 8미터쯤 되고, 키는 30미터나 된답니다. 느티나무로서는 무척 큰 키인데, 가지도 넓게 퍼져서 보는 순간 '아, 멋지다'는 감탄사가 저절로 나온다니까요. 마을 어른들은 이 나무도 하괴목과 나이가 비슷하다고 하지만, 정말 그럴까

의아해요. 비슷한 나이라면 800살이 넘었다는 이야기인데, 그렇게 오래 살아온 나무라고 생각하기에는 무척이나 싱그러워 보이거든요.

 줄기는 땅에서부터 곧게 올라왔고, 적당히 올라온 부분부터는 가지를 사방으로 고르게 펼치면서 자라서 전체적으로 매우 커다란 버섯 모양으로 잘 자랐지요. 줄기나 큰 가지들을 샅샅이 살펴봐도 부러진 흔적이라든가 큰 상처도 눈에 띄지 않을 만큼 건강한 상태예요. 가지마다 촘촘히 달린 잎사귀도 젊은 느티나무들에 비해 조금도 뒤지지 않을 만큼 싱그러운 초록을 자랑합니다.

 나무뿌리 부분을 보호하려고 주변에 돌 축대를 쌓았는데, 축대 위에 푸른 이끼가 돋아나 얼마나 오래 살아온 나무인지를 보여줍니다. 가만히 나무 주위를 둘러보면 상괴목 앞쪽에 작은 느티나무가 한 그루 더 있어서 갸우뚱하게 됩니다. 멀리서 보면 그냥 한 그루로 보이거든요.

어쩌면 땅 속에서 멀리까지 퍼진 상괴목의 뿌리에서 새로 돋아난 줄기 아닌가 하는 생각도 들지만, 겉으로는 확인할 수 없습니다.

상괴목은 삼괴정에 서 있는 세 그루 가운데 가장 빼어난 생김새의 나무일 뿐 아니라, 우리나라의 느티나무 가운데에서도 가장 아름다운 나무입니다.

상괴목과 하괴목, 두 나무와 함께 마치 이등변삼각형을 이룰 만한 자리에 또 하나의 큰 느티나무가 있어요. 이 느티나무는 천연기념물로 지정된 상괴목이나 하괴목에 비하면 건강도 약해 보이고 크기도 작지만, 살아온 역사는 다른 두 그루에 못지않을 만큼 오래된 나무임이 틀림없습니다.

그렇게 느티나무 세 그루는 아무 말 없이 천 년에 가까운 세월을 마을 어귀에 서서 마을 사람들의 삶과 죽음을 지켜봤을 겁니다. 또 마을 사람들이 정성을 다해 올리는 마을 당산제의 뜻을 하늘에 전하고 마을의 안녕과 평화를 지켜준 매우 고마운 나무들입니다.

괴산군 장연면 오가리 우령마을에서 만나는 이 멋진 느티나무들은 무엇보다 우리 평범한 백성의 살림살이를 가장 가까이에서 지켜보고, 그 삶을 함께 살아온 나무들이지요. 우리 곁의 느티나무들이 이 땅에 이리 오래도록 많은 사람과 친밀한 관계를 유지하며 살아오는 전형적인 방법인 거죠.

1부

느티나무는 어떤 나무일까?

느티나무는 어디에서 살까?

시골 길을 가다 보면 마을 어귀에서 커다란 느티나무를 만나기 쉬워요. 그러면 느티나무는 어떤 곳에서 살까요. 어디에서 사는지 알아보기 위해 먼저 느티나무의 생김새나 사는 특징부터 살펴보아요.

나무를 포함한 식물을 이야기할 때에는 이 나무가 어느 종류에 속하는가를 먼저 봅니다. 이걸 '식물분류'라고 하지요. 세세히 이야기하려면 좀 복잡합니다만, 간단히 말하면 비슷비슷한 나무들의 친척관계를 밝히기 위해서 쓰는 말 가운데 속屬, 과科라는 말이 있어요.

우리 사람의 경우를 먼저 볼까요? 예를 들어 김승희라는 어린이가 있다고 합시다. 이 어린이의 가족은 부모님과 한 남매로 이루어졌어요. 이들은 모두 '승희네 가족'입니다. 조금 더 넓히면, 승희는 김씨 성을 가졌으니 '김씨네'라고 할 수 있어요. 그런데 대한민국에는 '김씨네'라는 이름으로 묶을 수 있는 가족들이 있지요. 그런데 김씨네가 워낙 많으니까 다시 김해김씨, 경주김씨 등으로 나눕니다. 그래도 여전히 많아요. 이번에는 김해김씨 안에서 승희네 아버지의 아버지에서 그 할아버지의 할아버지로 이어지는 집안을 따로 떼어내 이야기합니다. 그렇게 해야 겨우 승희네 집안의 역사가 만들어지겠지요.

나무도 마찬가지로 생각하면 됩니다. 우선 식물이 있습니다. 식물은 크게 풀과 나무로 나눌 수 있어요. 잎 나고 꽃 피고 열매 맺은 뒤에 땅 위로 나왔던 줄기가 모두 시들어 없어지는 걸 풀 혹은 초본식물이라 하고, 그렇게 열매를 맺은 뒤에도 줄기만큼은 시들지 않고 남아서 해를 넘길 때마다 줄기에 나이테를 쌓아가는 종류를 나무, 목본식물이라고 이야기합니다. 그렇게 하면 먼저 풀과 나무가 구별됩니다.

나무도 종류가 굉장히 많으니, 그냥 나무라 해서는 서로 구별할 수가 없어요. 그래서 이번에는 나무의 잎사귀가 넓은 잎이냐, 아니면 바늘잎이냐를 보고 활엽수와 침엽수로 나눕니다. 그렇게 나눈 뒤 잎이 넓은 활엽수들을 보는데, 그래도 아직 종류가 많습니다. 그래서 또 비슷비슷한 나무들끼리 나누는 겁니다. 이때 비슷하다는 가장 중요한 기준은 꽃과 열매이지요.

물을 좋아하면서 봄이면 버들강아지를 피우는 나무들을 모아서 버드나무과라 부르고, 봄이 되면 잎보다 먼저 환하고 화려한 꽃을 피우는 나무들을 모아 목련과라 부르는 식인 거죠. 그러니까 같은 '과科'에 속하는 나무들은 서로 생김새나 자라는 특징이 비슷합니다. 달리 이야기하면 매우 가까운 친척 관계라고 보면 됩니다.

느티나무와 친척인 나무도 있겠네요. 그럼요. 당연한 이야기죠. 느티나무는 앞에서 말한 식물분류에 따르면 느릅나무과에 속하는 나무입니다. 그러니, 이 과에 속하는 나무들과는 생김새나 자라는 성질이 비슷하겠지요. 느릅나무과에 속하는 나무로는 우선 느릅나무가 있고, 팽나무, 푸조나무, 풍게나무 등이 있어요. 물론 자세히 관찰하면 서로 다른 점도 많이 있지만, 전체적으로는 생김새나 특징이 매우 비슷한 나무들이지요.

느릅나무과에 속하는 나무들은 대개 곧은줄기를 중심으로 우뚝 서서는 무척 많은 나뭇가지를 넓게 펼쳐서 풍성한 느낌을 줍니다. 이 가운데 푸조나무는 우리나라의 남해안 지방에서 많이 살고, 팽나무 역시 중

부이남 지역에서 많이 자라는 나무입니다. 느티나무는 느릅나무과의 나무 가운데 가장 흔히 볼 수 있는 나무로, 북한의 평안도 이북 지방의 추운 곳을 제외하면 한반도 전체에서 잘 자라는 나무입니다.

우리 조상들은 느티나무를 좋아해서 마을 가까이에 심고 키우는 걸 좋아했습니다. 그러나 굳이 그렇게 심어 가꾸지 않는다 해도 산기슭이나 골짜기에서도 느티나무는 땅의 흙이 깊어서 뿌리가 깊숙이 자리 잡을 수 있고, 기름진 땅이라면 가리지 않고 잘 자랍니다.

그러나 느티나무처럼 나뭇가지가 옆으로 넓게 퍼지는 나무들은 깊은 숲 속에서 오래 살기가 쉽지 않아요. 나무가 자라면서 옆으로 더 퍼져야 하는데, 마음대로 펼치지 못하면서 스트레스를 심하게 받아 오래 살지 못하는 거예요. 그래서 흔히 어른들은 '나무들 사이에도 적당한 거리가 있어야 한다'고 이야기하는 거랍니다. 그런 까닭 때문에 깊은 숲 속에서 자연스레 자라는 나무들은 대개 200살을 넘기기가 쉽지 않습니다.

따라서 느티나무는 우리나라의 어느 곳에서라도 살 수 있는 나무이지만, 특히 마을 근처에서 사람의 보살핌을 받으며 자라난 큰 나무가 많은 겁니다.

> 논밭 한가운데에서
> 홀로 자라는
> 느티나무

나무가 좋다! 영주시 안정면 단촌리 느티나무

**사람의 보살핌을 받으며
마을 한가운데에서 사는
느티나무는 여러 곳에서 찾아볼 수 있지만,**
그 가운데 경상북도 영주시 안정면 단촌리의 들판 한가운데에 서 있는 느티나무만큼 훌륭한 느티나무는 흔치 않을 겁니다.

우리나라의 전형적인 농촌인 단촌리 마을은 우선 넓게 펼쳐진 논이 한눈에 들어오는 한가로운 마을입니다. 이 멋진 들판의 한가운데에 이 나무가 서 있어요. 무성하게 펼친 나뭇가지가 거의 땅바닥까지 늘어져서 멀리서 보면 그저 매우 우람한 나무라는 생각부터 하게 됩니다. 특히 너른 논 한가운데에 홀로 서 있기 때문에 크기가 실제보다 훨씬 더 커 보인답니다.

나무의 키는 16미터를 훌쩍 넘고, 나뭇가지들은 동서 방향으로 23미터, 남북 방향으로는 27미터나 뻗었어요. 세로보다 가로 방향이 넓어서 편안한 인상을 줍니다. 멀리서 바라보면 이 나무가 얼마나 오래된 나무인지 정확히 알 수 없지만, 규모로 보아서는 나무의 나이 역시 심상치 않을 만큼 많을 거라 짐작하게 되지요.

단촌리 느티나무는 넓게 펼친 논 한가운데 있기 때문에 가까이 다가가려면 좁다랗고도 삐뚤빼뚤 난 논둑길을 걸어가야 합니다. 논둑길을 걸으며 논에서 풍겨 나오는 벼 이삭의 상큼한 냄새를 맡는 것도 아주 즐거운 일입니다. 사실 나무를 만난다는 건 나무 한 그루만 바라보는 것이 아니라, 그 주변의 풍경이라든가 사람들의 살림살이나 문화까지 함께 살펴보는 일이어서 다른 어떤 문화재 답사보다 의미가 클 뿐 아니라 흥미로운 일이랍니다.

나무에 다가서면 차츰 나뭇가지 아래쪽의 줄기 모습이 보일 겁니다.

그러면 멀리서 바라보았을 때와는 또 다른 감동을 느끼게 됩니다. '우와' 소리가 저절로 나올 만큼 우람한 이 나무의 줄기 모습은 참 오랜 세월을 힘들게 이 자리를 지키며 살아왔음을 한눈에 알게 해줍니다.

나무줄기 아래쪽에 있는 울퉁불퉁 튀어나온 여러 개의 혹들이 먼저 눈에 들어올 텐데, 줄기 가운데에는 오래전에 부러진 가지의 흔적도 찾을 수 있을 겁니다. 다른 나무들처럼 이 흔적이 더 썩어들어가지 못하게 외과수술을 한 모습이 그대로 보이지요. 그리고 나무줄기에는 다른 당산나무들처럼 금줄을 둘러놓았답니다.

그러면 이 나무도 당산나무이겠네요. 예. 맞아요. 이 나무도 당산나무예요. 이 마을에서는 해마다 추석 날 저녁에 이 나무 앞에서 당산제를 지낸다고 합니다. 당산제를 위해서 나무 앞에는 돌 제단이 놓여 있습니다.

가슴높이 줄기둘레가 10미터를 훨씬 넘긴 나무줄기를 보면 나이도 짐작할 수 있을 듯합니다. 물론 이 나무는 천연기념물 제273호로 지정된 나무여서, 앞에 세워놓은 표지판에 나무의 나이가 쓰여 있으니 그걸 보고 알 수도 있어요. 하지만 나무줄기를 잘 들여다보면, 이 나무가 정말 오래 살아온 나무임을 알 수 있을 겁니다.

실제로 이 나무의 나이는 700살쯤 됐다고 합니다. 마을 앞으로 난 찻길을 지나면서 한 번쯤은 멈춰서서 바라보고 싶어지는 훌륭한 나무입니다. 게다가 가까이 다가서서 바라보면 나무의 줄기 껍질에 묻어 있는 오랜 세월의 흔적이 감동을 주기까지 합니다.

단촌리 느티나무는 700년이라는 긴 세월 동안 마을 사람들의 보살핌

을 받고 이처럼 멋지게 자라난 겁니다. 또 나무는 사람들의 보살핌의 대가로 마을의 수호신 역할을 해 준다고 마을 사람들은 믿고 산답니다. 나무와 사람이 서로 주고받으며 오랜 세월 마을의 평화를 지켜온 겁니다. 바로 느티나무가 평화의 상징으로 살아남은 증거라 할 수 있겠지요.

물가에
홀로 서 있는
느티나무

나무가 좋다! 두물머리 느티나무

느티나무는 사람들이 옹기종기 모여 사는 마을에서 사람과 함께 마을의 평화를 지키며 살아가는 게 제격입니다.

그런데 가끔은 뜻밖의 자리에서도 느티나무를 만날 수 있지요. 우선 강가에 서 있는 느티나무 한 그루를 만나 보아요. 경기도 양평군 양서면 양수리가 이번에 찾아갈 곳입니다. 여기는 특별히 '두물머리'라는 이름으로 많이 알려진 곳입니다. 한때는 영화나 드라마 촬영지로 인기가 높던 곳인데, 요즘 이곳에서 드라마를 촬영하는 일은 그리 많지 않습니다.

두물머리는 두 강의 물이 마주치는 곳이라는 뜻입니다. 이 고장을 '양수리兩水里'라고 부르는데, 그건 두물머리를 한자로 바꾸어 쓴 것입니다. 한강을 서울에서 상류로 거슬러 올라가면, 바로 이 두물머리에서 물줄기가 둘로 나뉩니다. 북쪽에서 흘러내린 강은 북한강, 남쪽에서 흘러온 강은 남한강이지요. 남한강은 강원도 태백의 대덕산 검룡소라는 샘에서부터 시작되고, 북한강은 금강산 자락에서 시작되어 이곳 두물머리까지 흘러내려 와 하나로 합쳐집니다.

이 두물머리 근처는 관광지로도 멋진 곳이에요. 특히 빌딩 숲에 갇혀서 자연을 접하기 어려운 도시 사람들에게는 아주 좋은 관광지이지요. 전철로 올 수 있을 정도로 수도권에서 가까우면서도 자연의 아름다움에 흠뻑 빠질 수 있기 때문이지요. 특히 수종사라는 옛 절을 비롯해, 다산 정약용 선생 유적지 등 볼거리도 많답니다.

넓은 강줄기가 하나로 합쳐지는 두물머리에는 오래된 느티나무 한

그루가 있어서 한번 찾아가 볼 만한 곳이기도 합니다. 이 나무를 마을 사람들은 할배나무라 부르지요. 하긴 할배나무라고 부르는 나무는 무척 많아요. 나무들이 100살은 물론이고, 200살 300살 심지어는 500살도 넘게 살다 보니 그런 이름이 붙은 거죠.

두물머리의 느티나무는 400살 된 늙은 나무인데, 대부분의 느티나무가 마을 가까이에서 자라는 것과 달리, 강가에 있어 독특한 느낌이 들지요. 느티나무가 서 있는 자리가 바로 강물 곁이거든요. 물가의 느티나무라서인지, 다른 곳의 느티나무와 달리 청량한 느낌이 더 큽니다.

이 할배나무는 키가 26미터나 됩니다. 천연기념물은 아니지만, 산림청에서 보호수로 지정하여 보호하는 멋진 나무지요. 옛날에 이 나무에는 거대한 구렁이가 살고 있었답니다. 구렁이는 나라에 좋지 않은 일이 생길 조짐이 있으면 나무 밖으로 머리를 내밀어서 사람들에게 미리 대비하라고 알려주었답니다. 자연스레 마을 사람들은 이 나무를 매우 신성하게 여겼고, 그래서 나뭇가지를 꺾거나 해를 끼치는 사람은 큰 벌을 받는다는 전설이 전합니다.

사람들은 한 해에 한 번씩 이 나무에 제사를 올립니다. 그래서 나무 앞에는 돌로 잘 깎은 단정한 제단이 놓여 있지요. 제단 옆으로는 언제라도 사람들이 들어가 쉴 수 있는 나무그늘이 드리워져 있는데, 이곳 풍경이 좋아서, 근처에 사는 마을 사람들은 물론이고, 멀리에서 찾아오는 사람들로 늘 북적인답니다.

옛날에도 그랬을 거예요. 두물머리는 사람들이 배를 타고 서울의 마포나루까지 가기도 했고, 거꾸로 강원도 정선이나 충청북도 단양까지도 오가던 나루터였거든요. 배를 타려고 기다리는 사람들에게 이 나무는 자연스러운 쉼터였던 겁니다. 옛 나루터의 분위기를 살리려고 최근에는 나무 바로 앞 강물 위에 황포돛배 한 척을 띄워놓았어요.

두물머리는 아침 물안개 피어오를 때와 저녁에 먼 산으로 석양이 넘어가며 지어내는 노을이 특히 아름다운 곳이어서 사진 찍는 분들이 많이 찾아옵니다. 노을 진 강가에 큰 나무와 돛배 한 척이라면 더 말할 필요 없이 멋진 분위기임이 틀림없습니다.

산꼭대기에
우뚝 서 있는
느티나무

나무가 좋다! 부여 성흥산성 느티나무

> 물가의 느티나무와는 반대로
> 산꼭대기에 홀로 서 있는
> 느티나무도 있어요.

백제의 도읍이었던 충청남도 부여에는 성흥산성이라는 오래된 성터가 있습니다. 임천면사무소에서 2킬로미터쯤 떨어진 성흥산 꼭대기에 있는 성입니다.

성의 옛 모습은 다 허물어져 없지만, 성을 둘러싼 성벽이 남아 있어서 옛날에 성이 있던 자리임을 알 수 있어요. 이 성터 한쪽에 잘생긴 느티나무가 한 그루 있습니다.

산성이 있는 성흥산은 그리 높은 산이 아니에요. 오르는 길이 조금 가파른 편이어서 자동차로 오르는 분들도 많지만, 걸어 오르기에도 참 좋은 곳입니다. 근처에 대조사라는 오래된 절이 있어서 걸어서 함께 둘러보는 것도 좋은 여행이 될 겁니다.

잘생긴 느티나무는 성흥산성 성터의 한쪽 끝 모퉁이에 있습니다. 굳이 어디에 있는지 모르고 산을 오르더라도 자연스레 나무부터 바라보게 될 정도로 홀로 우뚝 서 있는 나무입니다. 이를테면 성터에 남은 돌로 쌓았다는 성벽은 보이지 않더라도 나무는 보이는 거죠.

산꼭대기여서 바람도 세게 불어올 텐데, 나무는 바람막이도 없이 잘 버티고 서 있습니다. 바람에 똑바로 맞서며 자라기 때문인지, 느티나무가 무척 듬직해 보입니다. 멀리서 바라보면 나무 아래쪽으로 큰 바위가 버티고 있어서 더 단단한 느낌입니다. 나무에 가까이 다가서려 성흥산성을 오르면 나무 주위로 새로 쌓은 돌 축대가 있고, 그 한가운데에 나무가 우뚝 서 있습니다.

나무는 무척 건강해요. 상처 난 곳이나 수술 자국도 없습니다. 대부분의 느티나무가 정자나무처럼 마을 안에서 자라는 것에 견주어 보면 사람이 살 것 같지 않은 산꼭대기의 느티나무가 특이하다고 느낄 수밖에 없을 겁니다. 그런 멋진 분위기 때문인지 이 나무도 두물머리 느티나무처럼 영화나 드라마에 자주 등장했습니다. 특히 백제의 옛이야기를 배경으로 하는 드라마에 자주 나왔어요. 영화나 드라마뿐 아니라, 사진작가들도 이 나무를 배경으로 많은 작품을 남겼습니다.

 성흥산성 느티나무는 키가 20미터이고, 가슴높이 줄기둘레는 5미터쯤 됩니다. 줄기의 굵기로는 그리 큰 나무라 하기는 어렵지요. 그래서인지 이 나무는 많은 사람이 '아름다운 나무'라고 인정했지만, 천연기념물은 아니고, 보호수로 지정된 정도입니다. 하지만 이 고장 분들의 나무 자랑은 대단합니다.

성흥산성 부근은 산 아래 마을 사람들이 건강을 위해 오르내리는 길인데, 이 길에서 마을 분들을 만나게 되면 이리 높은 곳에서 이만큼 멋지게 자란 나무는 아마 세상 어디에도 없을 것이라며 한참 자랑합니다. 성흥산성은 나무뿐 아니라, 주변 풍광이 참 좋은 곳입니다. 나무 옆에 서서 산 아래를 내려다보면 부여군에 속하는 임천면, 양화면, 세도면, 장암면, 충화면의 다섯 면이 훤하게 내다보이는데, 그 광경이 참 시원합니다.

이렇게 멀리까지 내다보이는 높은 성에서 외적의 침입을 빠르게 알아낸 뒤 적을 막아내는 것이 성흥산성의 역할이었습니다. 이 산성은 고려를 세울 때, 후백제를 제압하는 데에 큰 공을 세운 고려 개국공신인 유금필 장군과 긴밀한 관계를 맺고 있지요. 유금필 장군을 기리는 사당도 이곳에 마련돼 있습니다.

　유금필 장군은 황해도 평주에서 태어났습니다. 장군은 후백제를 물리치고, 고려의 임금인 태조를 만나러 가는 길에 이 성흥산성이 있는 임천 지역에 머무르게 됐습니다. 그때 이 마을에는 후백제의 패잔병들이 수시로 나타나서 사람들을 못 살게 굴며 노략질을 일삼았습니다. 게다가 전염병과 흉년까지 겹쳐 사람살이가 몹시 불편했습니다.

　그러자 유 장군은 전쟁을 위해 마련해 두었던 쌀을 마을사람들에게 나눠주며 잘 위로했지요. 당장 먹을 끼니를 잇지 못하던 마을 사람들이 얼마나 고마웠겠어요. 사람들은 감사의 마음을 모아 유 장군의 뜻을 기릴 사당을 세웠어요. 원래 사당은 죽은 조상에게 제사를 지내기 위해 세우는 거라서 이처럼 살아 있는 분을 위해 사당을 짓는 일은 아주 드물어요. 그런 사당을 생生사당이라고 부릅니다. 조선시대에는 그리 훌륭한 일을 하지도 않은 사람이 자신을 뽐내기 위해 생사당을 지어서 오히려 민심을 어지럽히기도 했지만, 유금필 장군의 생사당은 마을 사람들이 자발적으로 지은 사당이랍니다.

아름다운 성흥산성의 느티나무는 유금필 장군이 외적과의 전투 중에 잠시 쉬다가 가지고 다니던 지팡이를 꽂은 것이라는 전설이 있습니다. 유금필 장군이 성흥산성에서 활동하던 때는 920년 즈음이었거든요. 그렇다면 그분이 심었다는 이 나무는 적어도 1100살 정도는 됐다고 보아야 하겠지요.

　그런데 나무를 아무리 뜯어보고 다시 보아도 그만큼 오래된 나이로는 믿어지지 않네요. 다른 곳에서 자라는 느티나무들과 비교해 보면, 이 느티나무의 나이는 400살쯤 되지 않았을까 싶어요. 물론 산꼭대기

여서 나무가 더 크게 자라지 못했을 수 있겠지만, 아무리 그렇다 해도 1100살이라고 믿기는 어렵습니다.

  그럼 이런 전설은 그냥 무시하는 게 좋을까요? 우리 눈앞의 사실을 놓고 옳고 그름을 따지는 자세는 매우 중요하지만, 전설을 과학의 잣대로 판단하는 것도 조심해야 합니다. 어차피 세상의 모든 전설은 과학과는 큰 거리가 있는 이야기이거든요. 그런데도 우리에게 오랫동안 전해 오는 전설 대부분은 사람이 살아가는 데 필요한 지혜를 담고 있어요. 그러니 믿기 어려운 전설을 듣게 되면, 그 전설이 왜 지금까지 전해오는 것일까를 먼저 궁리해 보고, 전설에 담긴 속뜻이 무엇인가를 살펴보는 자세가 더 중요합니다.

  유금필 장군의 전설을 믿는 이 마을 사람들은 아마도 나라를 지키기 위해 몸바쳐 싸우면서도 백성을 따뜻하게 보살핀 한 장군의 큰 뜻을 오랫동안 남기고 싶었을 거예요. 그래서 장군을 추억할 수 있는 대상물을 나무로 생각한 것 아닐까요? 또 이 아름다운 느티나무를 더 오래 지키기 위해 나무에 우리가 존경하는 장군의 혼이 담겨 있다는 이야기를 지어낸 건지도 모르겠습니다.

  성흥산성의 느티나무는 그렇게 천 년 전 한 위인의 삶과 혼을 담고 산꼭대기에서 비바람 눈보라에 홀로 맞서 싸우며 이 땅을 굽어살피고 있는 겁니다.

느티나무도 꽃을 피울까?

여름에 시원한 그늘을 드리우는 느티나무는 가을이 되면 어떻게 변할까요? 가을의 느티나무는 짙은 갈색의 단풍이 아름답게 들어서 다른 단풍드는 나무 못지않게 멋지답니다. 느티나무는 전체 모양이 둥글게 가지를 펼치고 잎사귀가 무성하다고 했잖아요. 그 무성한 잎사귀들이 일제히 붉은빛의 단풍으로 물든 광경은 느티나무가 우리에게 선물하는 또 하나의 장관입니다. 그런데 재미있는 것은 느티나무이면서도 가을에 나뭇잎에 드는 단풍 빛은 여러 가지라는 겁니다. 대개는 짙은 갈색이지만 때로는 붉은빛이 선명하기도 하고 또 어떤 나무에는 노란 단풍이 들기도 해요.

단풍이 든 채로 며칠을 지낸 뒤, 차츰 찬바람 불어오면 느티나무도 겨울을 보내기 위해 잎을 하나 둘 떨어뜨립니다. 느티나무를 비롯한 나무들도 짐승들처럼 겨울잠을 자야 하거든요. 스스로 광합성을 해서 양분을 만들어내는 나무가 겨울잠을 잔다니 이상하게 들릴지도 모르겠네요. 하지만 나무도 햇볕이 약해지는 겨울에는 잠을 자야 해요.

겨울잠을 자기 위해 느티나무는 먼저 무성했던 잎을 떨어뜨립니다. 잎사귀가 초록색을 띠고 싱싱하게 살아 있으려면 뿌리에서부터 잎사귀까지 물을 끌어 올려야 하잖아요. 그 일을 하기 어려운 겨울에는 잎을 다 떨어내고, 물을 끌어 올리는 일을 쉬어야 합니다. 달리 이야기하면, 에너지 쓰는 일을 하지 않을 준비를 하는 거죠. 느티나무도 그렇게 가을에는 단풍이 들고, 겨울에는 겨울잠을 잡니다.

여기서 한 가지 퀴즈입니다. 느티나무에 꽃이 필까요? 느티나무도 생존 본능에서는 다른 모든 생물과 다를 게 없습니다. 생물의 생존 본능이 뭔가요? 바로 자손을 많이 번식하는 것 아닌가요? 바닷가에서 흐르는 강물로 거슬러 오르는 연어의 본능을 생각해 보세요. 그 험한 길을 마다하지 않는 건 오로지 알을 많이 낳아서 자손을 번식하려는

것이잖아요. 느티나무도 힘이 들건 안 들건 어쨌든 자손을 번식시켜야 합니다.

　나무가 자손을 번식시키려면 어떻게 해야 하나요? 예. 맞아요. 씨앗을 맺어야 하지요. 씨앗을 맺기 위해 먼저 해야 할 일은 꽃을 피우는 일이지요. 그러면 느티나무도 꽃을 피운다는 이야기가 되겠네요. 그런데 느티나무에 피어난 꽃을 본 적 있나요? 아마 열 명 가운데 아홉 명은 느티나무 꽃을 본 적이 없을 겁니다. 하지만 분명히 느티나무에도 꽃이 피어납니다. 느티나무뿐 아니라, 세상의 모든 식물은 꽃을 피웁니다.

느티나무 꽃은 봄에 피어나요. 대강 5월께에 연녹색 꽃이 피어나는데, 그것도 아주 눈에 잘 안 띄는 곳에서 피어납니다. 가지에서 잎이 나오는 부분, 그걸 잎겨드랑이라고 하는데, 거기에서 아주 조그맣게 꽃이 피어나지요. 기껏해야 5밀리미터 정도밖에 안 되는 크기지요. 느티나무는 암꽃과 수꽃이 따로 있는데, 그게 한 그루에서 같이 피어나요. 이렇게 암꽃과 수꽃이 따로 피지만 한 그루에서 나는 것을 '암수한그루'라고 합니다.

　워낙 작은데다가 우리가 흔히 생각하는 예쁜 꽃과는 전혀 다른 생김새여서 콕 짚어서 이게 느티나무 꽃이라고 가르쳐주지 않으면 구별하기가 쉽지 않습니다. 하지만 아무리 작아도 갖출 것은 다 갖추고 피어나요. 암꽃에는 암술이 선명하게 돋아나고, 수꽃에는 4개에서 6개까지 수술이 나와 있답니다.

　혹시 봄에 느티나무를 만나면 꼭 한번 꽃을 찾아보세요. 이 꽃은 가을이 되면 4밀리미터 정도 되는 크기의 동글납작한 열매를 맺는데, 그 열매 안에 씨앗이 담겨 있습니다.

느티나무의 특징 가운데 하나는 줄기의 껍질에 있습니다. 느티나무의 줄기는 회색빛이 강하게 도는 갈색이라고 해야 맞을 듯한 색깔을 띱니다. 그런데 이 줄기가 조금 오래되면 껍질이 조금씩 갈라지기 시작합니다. 나중에는 줄기 전체가 마치 너덜너덜하게 벗겨지는 듯한 모습이지요. 아마 이 책에서 소개하는 느티나무들은 대개 오래된 나무들이니 그런 특징이 잘 드러날 겁니다.

느티나무는 추위엔 잘 견디지만 공해나 소금기에는 아주 약해요. 그래서 바닷가나 공해가 심한 도시에서는 느티나무를 찾아보기 어렵습니다. 도시에서도 이 아름다운 느티나무가 자라게 하려면 무엇보다 먼저 우리가 사는 도시의 공기를 깨끗하게 해야 한다는 이야기입니다.

느티나무에도 몇 가지 종류가 있어요. 잎이 평범한 느티나무에 비해 길쭉한 것을 긴잎느티나무라 하고, 둥근 잎을 가진 것을 둥근잎느티나무라고 합니다. 전문가가 아니라면 구별하기 쉽지 않습니다. 이런 종류의 느티나무들은 사는 곳이 조금씩 다른데, 둥근잎느티나무는 속리산 부근에서 많이 자라고, 긴잎느티나무는 강원도 삼척 지방이나 경상남도 함양과 통영 지역에서 잘 자랍니다.

최초로
문화재가 된
느티나무

나무가 좋다! 삼척 도계읍 도계리 긴잎느티나무

**천연기념물은
국가에서 오래오래 보호해야 할 생물에게
붙여주는 가장 높은 지위입니다.**

 천연기념물은 어떻게 지정할까요? 천연기념물을 지정하는 우리나라의 국가기관은 문화재청입니다. 문화재청은 국보, 보물 등과 함께 천연기념물도 지정하고, 이를 관리하는 문화체육관광부 산하기관이지요.

 문화재청에는 천연기념물을 지정하기 위해 대상이 될 만한 생물들을 조사하는 전문가들이 있습니다. 이들이 늘 우리 산과 들에 사는 동물이나 식물을 살펴보고, 의견을 나눈 뒤에 결정합니다. 때로는 각 지방자치단체에서 문화재청에 신청할 때도 있어요. 그러면 전문가들이 직접 살펴보고, 의견을 모은 뒤에 결정합니다.

 얼마 전에는 지방자치단체가 아니라, 순전히 한 개인으로서 내가 천연기념물로 지정해야 할 나무를 찾아서 문화재청에 직접 지정을 신청한 적이 있었답니다. 경기도 화성에 있는 물푸레나무였지요. 그 나무는 천연기념물로 지정될 가치가 높은 데다 당시 이 나무를 제대로 보호하고 있지 않아서, 자칫하면 나무가 주변의 개발 과정에서 훼손될지도 모른다는 생각에서 모든 절차를 무시하고 개인적으로 천연기념물로 지정해야 한다고 신청한 거였지요.

 신청을 받아들인 문화재청의 전문가들은 무려 3년 동안 이 나무를 무척 꼼꼼히 관찰했어요. 그리고는 결국 지난 2006년 봄에 천연기념물로 지정했답니다. 그러니 여러분도 주위에서 반드시 보존해야 할 가치가 있는 나무나 동물을 찾아낸다면, 머뭇거리지 말고 학교 선생님이나 어른들께 알려서 앞으로도 오랫동안 보존할 수 있게 하세요.

 나무로서 가장 높은 벼슬을 하는 건 천연기념물에 지정되는 것입니다. 다음으로 각 지방자치단체에서 지정하는 지방기념물이 되는 것도 오래 보존할 방법이지요. 때로는 지방기념물이었다가 나중에 천연기념물로 높아지는 경우도 있어요. 거꾸로 천연기념물이었다가 지방기념물로 떨어지는 경우도 있지요.

2009년 여름까지 천연기념물로 남아 있는 느티나무는 느티나무 군락을 포함해 모두 열아홉 가지입니다. 서른 그루가 넘게 천연기념물에 지정된 소나무 다음으로 가장 많은 겁니다. 그러나 소나무 가운데에는 곰솔·반송·처진소나무·백송 등 종류가 여럿이어서, 하나의 종류로는 느티나무가 가장 많은 셈입니다.

천연기념물 느티나무 가운데 가장 먼저 지정된 나무는 강원도 삼척 도계리 긴잎느티나무입니다. 1962년 12월에 제95호로 지정됐지요. 이때는 우리나라에서 처음으로 천연기념물을 지정한 때로, 제1호부터 제154호까지를 한꺼번에 지정했는데, 그 가운데 느티나무는 도계리 긴잎느티나무와 다른 한 그루가 더 있었지요. 두 느티나무 가운데 한 그루는 오래전에 죽어서 천연기념물에서 해제되고, 지금까지 살아남은 느티나무 가운데에는 도계리 긴잎느티나무가 천연기념물 느티나무 가운데에서는 가장 앞선 번호를 가지게 된 겁니다.

도계리 긴잎느티나무는 무려 1000살이 넘는 오래된 나무입니다. 다른 건 둘째 치고 일단 그 나이만으로도 천연기념물급 아닌가 싶습니다. 이 나무는 잎사귀가 다른 느티나무에 비해 조금 길쭉한 긴잎느티나무로 키 20미터, 가슴높이 줄기둘레는 7.5미터인 큰 나무지요. 지금 이 나무는 마을 공원처럼 쓰이는 넉넉한 공터 가장자리에 우뚝 서 있는데, 예전에 이 자리는 학교 운동장이었다고 합니다.

  나무줄기를 바라보면 이 나무가 얼마나 오래 살아온 나무인지 금세 알 수 있을 듯도 해요. 줄기에 마치 얼굴에 피어난 버짐처럼 울긋불긋한 무늬가 눈에 띄는데, 거기에는 푸릇한 이끼까지 돋아나 있습니다. 또 줄기 한쪽에는 오래전에 큰 줄기가 부러져서 구멍 났던 자리가 있는데, 그 자리를 메운 수술 자국이 크게 나 있어요. 만일 그 부분의 줄기가 부러지지 않았다면 이 나무는 엄청나게 컸을 겁니다.

  1000살이 넘었지만, 나무는 여전히 싱싱합니다. 나무의 한쪽이 부러져 조금 균형이 맞지 않지만, 그래도 다른 느티나무 못지않을 만큼 넓게 가지를 펼쳐서 큰 그늘을 만들지요. 나무를 보호하기 위해 나무 주변으로 울타리를 쳤기 때문에 나무 가까이 다가설 수 없어서 조금 아쉬운 마음도 들어요. 하지만 이 귀한 나무를 앞으로도 더 오랫동안 보존하기 위해서는 이렇게라도 보호해야 하겠지요. 사실 이 나무는 가까이가 아니라 그냥 멀리서 바라보기만 해도 그저 훌륭하다는 느낌이 드는 멋진 나무예요.

  오래된 나무들이 대개 그렇듯이 이 나무도 매우 신령스러운 나무였답니다. 옛날에는 이 나무도 이 마을에 사는 사람들 모두가 더 평화롭고 더 잘 살 수 있도록 소원을 비는 나무였어요. 요즘은 그런 당산제를 지내지 않지만, 사람의 소원을 잘 들어주는 신령한 나무라는 걸 아는 사람들은 이 나무에 찾아와 이런저런 소원을 많이 빈답니다. 특히 학교 운동장에 있던 나무였기 때문인지, 해마다 대학교 입학시험을 볼 때가 되면, 학부모님들이 나무를 찾아와 아들딸이 꼭 대학에 합격하기를 간절하게 빈다고 합니다.

줄기둘레가
유난히 굵은
느티나무

나무가 좋다! 김제 봉남면 행촌리 느티나무

이번에는 천연기념물로 지정된 느티나무 가운데 가장 키가 작은 나무를 찾아가 볼까요?

키는 작지만 아마도 우리 느티나무 가운데 가장 모습이 독특한 느티나무일 겁니다. 천연기념물 제280호로 지정된 이 특이한 나무가 있는 곳은 전라북도 김제 봉남면 행촌리라는 시골 마을입니다.

이 나무는 마을 앞으로 펼쳐진 넓은 밭 가장자리, 마을로 이어지는 공간에 서 있습니다. 지금은 나무 주변의 보호 공간이 넉넉할 뿐 아니라, 마을 어른들이 나무 주위에 여러 가지 꽃도 심어서 예쁜 공간으로 꾸몄지만, 몇 해 전까지만 해도 이 나무는 사람들이 지나다니는 좁은 길옆에 아주 불편하게 서 있었어요.

볼 때마다 나무가 잘 살 수 있게 공간을 넓히면 좋겠다고 생각했지만, 사실 농사짓는 분들은 논이나 밭을 생명만큼 소중하게 여기기 때문에 감히 그런 생각을 겉으로 드러낼 수 없었어요. 그런데 몇 해 전에 이 마을 어른들이 아주 귀한 결정을 했어요. 한두 분이 아니라, 무려 일곱 분의 결정이었지요. 이 나무가 차지한 땅에 관계된 분들이 그렇게 많았던 겁니다. 그런데 어렵지 않게 그분들이 나무를 위해 땅을 내놓기로 해서 지금 그 소중한 공간이 만들어진 거랍니다.

이 느티나무는 멀리서 보면 신비롭기는커녕 별 느낌이 들지 않습니다. 천연기념물 느티나무 가운데에서는 가장 키가 작다고 했잖아요. 키는 15미터거든요. 그게 그리 작은 건 아니지만, 큰 나무라고 할 수 없는 크기지요. 천연기념물로 지정된 느티나무 가운데에는 이 느티나무의 2배가 넘는 32미터나 되는 큰 나무도 있거든요.

하지만 앞으로도 오랫동안 보존해야 할 특별한 가치가 있는 나무랍니다. 우선 나무의 특별한 생김새가 그렇습니다. 행촌리 느티나무는 줄기가 유난히 굵은 나무거든요. 키에 비교하면 줄기, 특히 줄기 아래의 뿌리 근처 부분은 그야말로 괴상하리만큼 굵은 편입니다. 가슴높이 줄기둘레는 8.5미터이니, 그냥 조금 굵은 나무에 속한다 할 수 있지만, 뿌리 부근의 둘레는 무려 13미터나 된답니다. 이 분야에서는 우리나라 느티나무 가운데 챔피언인 셈입니다.

이 나무의 가장 인상적인 부분은 땅 위로 솟은 뿌리가 땅 위를 기어서 퍼져 나간 모습일 겁니다. 마치 어마어마하게 큰 구렁이가 꿈틀거리며 살아 움직이는 모습 같아요. 참 신비로운 모습이랍니다. 이처럼 독특한 모습은 우리나라 구석구석을 다 뒤져봐도 찾을 수 없을 겁

니다. 그 신비로운 모습 때문에 이 나무는 오래 보존할 가치가 인정된 것이고, 그래서 천연기념물로 지정한 거랍니다.

600살 정도 된 이 나무는 이곳에 사람들이 들어와 마을을 이루기 전부터 이 자리에서 자라고 있었다고 합니다. 사람들은 큰 나무가 먼저 자리 잡은 이곳에 마을을 짓고, 이 나무를 마을의 평화를 지켜주는 수호신으로 삼았어요. 그래서 나무 앞에서 오랫동안 제사도 지냈고, 또 정월 대보름에는 나무에 밧줄을 매고 줄다리기도 했습니다.

나무는 그렇게 말없이 마을 사람들의 살아 있는 역사를 그대로 보여줍니다. 게다가 최근에 농부들이 생명처럼 여기는 땅을 내놓으면서 이 나무를 잘 보존하자고 의견을 모은 것도 잊지 말아야 할 귀한 일입니다. 아마도 사람이 넉넉하게 잘 살기 위해서는 나무도 사람과 함께 잘 살아야 한다는 이 마을 어른들의 슬기로운 생각이 맺은 결과이겠지요.

앞에서 천연기념물을 지정하는 기준이 무엇인지를 이야기했는데, 거기에 덧붙여야 할 중요한 사실이 하나 더 있습니다. 바로 행촌리 마을 어른들처럼 나무를 보호하려는 마을 사람들의 의지가 있느냐 없느냐입니다. 제아무리 훌륭한 생김새를 갖춘 나무라 할지라도 사람들이 천대하는 나무라면 천연기념물로 지정하지 않습니다. 천연기념물은 식물로서의 가치만 중요한 게 아니라, 사람살이의 자취를 간직한 문화재로서 가치가 높아야 한다는 겁니다. 그런 점에서 보면 신비롭게 생긴 한 그루의 느티나무와 함께 아름다운 전설을 창조해가는 김제 봉남면 행촌리는 마을 전체가 문화재라고 해도 틀리지 않을 겁니다.

느티나무는 얼마나 오래 살까?

오랜 세월을 지내는 동안 나무는 한 자리에 그대로 서서 비바람 눈보라는 물론이고, 천둥·번개, 심지어는 사나운 짐승들의 공격을 고스란히 받아야 하지요. 때로 나무를 못살게 구는 짓궂은 어린이도 가끔 있습니다. 나무를 타고 올라가거나 줄기에 상처를 내고, 나뭇가지를 부러뜨리는 개구쟁이들 말입니다.

그래도 나무들은 끄떡도 하지 않고 잘 견뎌냅니다. 들판에 벌거벗은 채 홀로 서서 추운 겨울을 지낸 뒤에도 봄이 되면 어김없이 푸른 잎을 돋아내고, 예쁜 꽃을 피우는 걸 보면 참 놀랍습니다. 어디에 저런 끈질긴 생명력이 들어 있는지 신비로워요.

가만히 보면 나무도 살아 있는 생명체임은 틀림없다는 걸 알게 됩니다. 나무들도 사람이나 짐승들처럼 태어나서 병에 걸리고 늙고 또 때가 되면 죽습니다. 물론 아주 느릿느릿하지만, 분명히 나무들은 조금씩 늙어갑니다. 또 오랜 세월이 지나면 생명을 잃게도 되지요.

주어진 환경에 따라서 일찍 목숨을 거두는 경우도 있고, 또 큰 비에

뿌리째 뽑히기도 하고, 벼락을 맞아 부러지기도 합니다. 또 작은 곤충들이 조금씩 갉아먹는 바람에 죽을 수도 있고, 커다란 짐승들이 나무를 부러뜨리는 바람에 죽기도 합니다.

  느티나무는 다른 나무에 비해 오래 사는 나무라 했는데 도대체 얼마나 오래 살까요? 그걸 우리가 측정할 수 있을까요? 그게 참 어려운 이야기예요. 일단 나무는 사람보다 훨씬 오래 살잖아요. 느티나무 가운데에는 이미 1000살을 넘어서도 여전히 싱싱하게 사는 나무가 있거든요. 그 나무를 보면, 느티나무는 천 년도 더 산다고 이야기해야겠지요. 그러나 앞으로 몇 년을 더 살지는 누구도 모르는 것 아닌가요?

나무의 수명은 함부로 이야기할 수 없습니다. 다만 이러저러한 환경 조건에서 얼마 정도 산다고 이야기하는 건 가능할지 모르겠습니다. 예를 들면 나무들이 빽빽하게 들어찬 숲 속에서는 200년 넘게 살기가 힘들다고 합니다. 나무가 그 이상 오래 살려면 계속 가지를 펼치고 뿌리도 깊이 내릴 수 있는 공간이 필요한데, 숲속에서는 여러 나무들이 서로 경쟁하면서 자라야 하기 때문에 홀로 많은 공간을 차지하기가 어렵다는 이유에서 그렇게 보는 거지요.

하지만 그것도 정확하지 않아요. 강원도의 어느 산에는 큰 주목이 있는데, 이 나무는 숲 속에 살면서도 1400년을 넘게 살아왔거든요. 그러니까 아무래도 나무의 수명은 정확히 이야기할 수 없는 겁니다.

나무는 세상에 살아 있는 모든 생명체 가운데에서 늙어갈수록 점점 더 아름다워지는 유일한 생명체입니다. 특히 느티나무가 그러하지요. 느티나무는 나이가 들면서 조금씩 몸을 키워 가지만, 전체적으로 둥글게 퍼져 나간 모습을 깨뜨리지 않고 자라기 때문에 점점 더 아름다워진답니다.

우리나라의 큰 나무들을 찾아다니다 보면, 예전에 무척 아름다웠던 나무들이 세월을 보내면서 큰 가지가 부러지거나 해충의 공격으로 줄기가 썩어서 원래의 아름다운 생김새를 잃고 조금 흉측하거나 보기 싫게 바뀐 걸 볼 수 있습니다. 또는 그렇지 않더라도 너무 늙어서 나무의 역할을 제대로 못 하는 나무들도 있어요. 가을에 맛난 감이 열리는 감나무의 경우, 늙어서 더는 열매를 맺지 못하기도 해요. 그럴 때마다 아쉬운 마음이 들어요. 나무도 살아 있는 생명체이니, 어쩔 수 없이 겪어야 하는 과정 아니겠는가 생각하며 아쉬움을 달래는 수밖에 없지요.

나이 든 나무들을 찾아가서 알게 되는 놀라운 사실이 있어요. 나무가 있는 마을 사람들의 생각입니다. 나무가 아무리 볼품없이 변했어도 마을 사람들의 나무에 대한 생각은 조금도 바뀌지 않는다는 겁니다. 가지가 부러진 나무이어도, 전혀 열매를 맺지 못하는 감나무라도, 완전히 죽어버린 나무라 해도 그렇지요.

나무뿐 아니라 우리를 풍요롭게 살게 하는 자연과 더불어 살아가려 애쓴 우리 조상의 뜻이 오래오래 이어진 증거가 되겠지요. 죽은 나무 한 그루도 아끼는 마음이 바로 우리가 자연 속에서 자연과 더불어 아름답게 살아가는 지혜를 닦는 바탕입니다.

생로 병사를
함께하는
느티나무

나무가 좋다! 남해 고현면 갈화리 느티나무

나무를 찾아다니다 보면, 안타까운 마음이 크게 드는 나무들을 만날 때도 있어요.
나무도 사람처럼 병도 들고, 늙기도 하고, 심지어는 죽기도 하는 건 잘 알지만, 훌륭한 풍채를 자랑하던 멋진 나무가 오랜 세월이 흐르면서 옛날의 생김새를 잃고 흐트러진 모습을 보게 되면 마음은 안타깝기만 하지요.

경상남도 남해군 고현면 갈화리의 느티나무도 그런 안타까움이 들게 하는 나무입니다. 그렇지만 들판에 굳세게 서서 비바람 눈보라 헤치며 살아가는 나무의 일생을 돌이켜보게 한다는 점에서라도 한번 꼭 찾아가 볼만한 나무랍니다.

이 나무는 400살이 좀 넘은 나무로, 천연기념물 제276호로 지정된 큰 나무였습니다. 이 나무가 천연기념물로 지정된 것은 1982년, 지금부터 약 20년 전입니다. 안타깝게도 당시의 모습은 알 수가 없습니다만, 만일 그때도 지금 같은 모습이었다면 결코 천연기념물로 지정되지 않았을 거예요. 지금 모습으로는 천연기념물이 되기에 자격이 부족하다는 이야기입니다. 이 나무 사진을 보면서 이미 그런 생각이 들었을 거예요. 천연기념물로 지정된 다른 나무들과 달리 뭔가 모자란 듯해 보이는 생김새 때문입니다.

갈화리 느티나무가 왜 이런 생김새가 되었는지 살펴보면, 그 까닭을 알 수 있어요. 처음 천연기념물로 지정됐을 때만 해도 이 나무는 무척 멋진 나무였을 겁니다. 넓은 들판 한가운데 우뚝 서 있는 나무여서 멀리에서도 눈에 뜨이고, 들에 나와 일하던 농부들이 뙤약볕을 피해 쉼터로 쓰기에도 더없이 좋았을 게 분명합니다.

1988년, 이 지역에 큰 태풍이 불어왔어요. 그때 이 나무의 중심이 되는 줄기의 중간 부분이 툭 부러진 겁니다. 중심이 부러졌기 때문에 이 나무가 거의 죽었을 거라고 생각될 정도였어요. 마을 사람들은 나무줄기가 부러진 것을 마치 자신의 아픔처럼 여기면서, 어떻게든 되살아나기를 기원했지요. 그나마 한쪽으로 삐죽 나온 가느다란 가지라도 살아서 건강하기를 바라는 수밖에 없었습니다.

나무는 사람들의 마음을 알아채기나 한 것처럼 큰 시련을 딛고 다시 씩씩하게 살아났습니다. 물론 중심이 사라졌으니 예전처럼 훌륭한 생김새는 아니지만, 남아 있는 가지가 차츰 튼실하게 몸피를 키웠습니다. 무척 불균형한 모습이고 허투루 바라보면 앙상하게 남은 가지가 오히려 불쌍해 보이는 모습이지요.

    남쪽으로 멀리 뻗어 나간 가지는 14미터 정도 뻗어 나갔는데, 아직도 젊은 느티나무 못지않게 싱싱합니다. 중심 가지가 부러지지 않고 사방으로 이 남쪽 가지만큼 뻗어 나갔다면, 이 나무의 가지는 사방으로 거의 30미터 가까이 펼쳤겠지요. 그런 상상을 하며 나무를 바라보니, 지금의 앙상한 모습이 더 안타까워요.

    하지만 가까이 다가가서 보면 느낌은 달라져요. 굵은 줄기의 부러져 구멍 난 곳에는 더는 썩지 않게 수술한 자국이 그대로 드러나 있지요. 하지만 그래서 이 나무가 더 소중해 보이기도 합니다. '참 어렵게도 살아왔구나.' 그런 생각이 먼저 드는 거예요. 그리고는 지금까지 힘든 시련을 잘 버텨냈으니, 앞으로도 오래 살면서 우리에게 강인한 생명력을 보여주었으면 좋겠다는 생각이어서 더 소중하다는 이야기입니다.

이 나무의 남아 있는 부분만으로도 규모가 작은 건 아니에요. 키가 16미터를 넘는데, 줄기 윗부분이 부러지고 남은 아랫부분은 3미터쯤 됩니다. 그 부분의 둘레가 7미터를 넘습니다. 이 나무는 400년 전쯤 이 마을에 살던 유동지劉同旨 어른이 심었다고 합니다. 이 마을에는 유동지 어른의 9대손 가족이 살고 있습니다.

처음에 나무를 심은 뜻은 다른 곳의 큰 나무들과 다르지 않습니다. 농사일하다가 잠시 쉴 곳, 그러니까 정자나무를 마련해야 하겠다는 생각에서 나무를 심고, 이 나무를 잘 보호해야 마을 전체에 평화와 행운이 깃들리라고 했답니다. 그 뒤로 사람들은 새해가 되면 날을 정해서 이 나무 앞에서 제사를 지냈습니다.

나무 앞에는 마을 청년들이 오래전에 세운 비석이 하나 있어요. 옛날에는 그곳에서 젊은 청년들이 모여서 들일을 함께 할 계획도 세우고, 마을의 크고 작은 일들을 의논했다고 합니다.

이 나무가 서 있는 갈화리는 참 아름다운 고장이에요. 하기야 갈화리가 속한 경상남도의 남해도라는 섬 전체가 아름다운 풍광을 갖고 있으니, 이 마을이라고 특별히 다를 리 있겠습니까. 나무 옆으로는 작은 개울이 흐르고, 나무 뒤편인 북쪽으로는 높다란 산이 둘러서 있고, 앞쪽으로는 넓은 논밭이 있습니다. 논밭 끝으로는 집 몇 채가 옹기종기 모인 마을이 있고, 마을 끝으로 멀리 바다가 보이거든요. 산과 바다를 동시에 느낄 수 있는 멋진 곳이랍니다.

이처럼 아름다운 풍경에 묻혀들어서, 오래된 나무 한 그루가 살아온 발자취를 찾아보는 건 아마 평생 잊지 못할 아름다운 추억이 되기에 충분할 겁니다.

다른 생명의
보금자리가 된
느티나무

나무가 좋다! 청량사와 해인사의 느티나무 고사목

> 남해 갈화리 느티나무처럼
> 생김새가 망가질 정도의 큰 시련을 겪으면서도
> 꿋꿋이 살아내는 나무가 있지만,

시련을 견디지 못하고 죽어버린 나무들도 있습니다. 이미 죽어서 잎도 내지 못하고, 우리가 숨 쉬는 데에 필요한 산소도 내뿜지 못하지만, 남아 있는 밑동만으로도 매우 인상적인 나무가 있어요. 그런 나무를 한자로는 고사목枯死木이라고 합니다.

한번 보면 오랫동안 잊지 못할 만큼 인상이 강한 고사목이 여럿 있지만, 그 가운데 두 그루를 소개할게요. 하나는 경상북도 봉화군의 아름다운 산 청량산에 있는 고사목이고, 다른 하나는 경상남도 합천군 해인사 입구에 있는 고사목입니다. 살아 있을 때에는 두 나무 모두 잘생겼을 뿐 아니라, 의미 있는 역사도 갖고 있었습니다.

우선 합천군 해인사의 고사목을 만나 봅시다. 해인사는 신라시대 때인 802년에 애장왕이 직접 지시해서 지은 우리나라의 대표적인 절이지요. 팔만대장경을 보관해 둔 절로도 유명해요. 팔만대장경은 지난 2007년에 유네스코에서 세계문화유산으로 지정한 우리나라의 자랑스러운 유물이기도 하고요. 국보 제32호인 팔만대장경은 고려시대 때 무려 16년간에 걸쳐 몽골군의 침략을 물리치기 위한 기원의 마음으로 만든 호국의 상징입니다.

해인사를 임금이 직접 지으라고 지시한 데에는 이유가 있어요. 임금이 스님들에게 큰 덕을 입었기 때문에 보답하려던 것이지요. 그때 임금의 부인인 왕후에게 큰 병이 들었다고 해요. 그러자 임금은 순응과 이정, 두 스님을 찾아가 왕후의 병을 낫게 해달라고 부탁했어요. 두 스님은 합천을 대표하는 산인 가야산에 들어가 기도를 올렸는데, 그 기도가 통했는지 왕후의 병이 씻은 듯 나은 거예요.

　임금이 얼마나 기뻤겠어요. 스님들의 기도가 통해서 나았든, 그냥 때가 되어서 나았든 임금은 왕후의 병이 낫도록 산 속에 들어가 열심히 기도한 스님들이 무척 고마웠어요. 그래서 애장왕은 두 스님이 기도하던 가야산에 큰 절을 지으라 한 겁니다.

　절이 다 지어지자 임금은 절의 이름을 '해인사'라 한 뒤, 나무를 심었습니다. 요즘도 그렇듯이 이른바 '건물 완공 기념식수'를 한 거죠. 임금은 절의 대문이라 할 수 있는 일주문 주변에 느티나무를 여러 그루 심었다고 합니다. 무려 1200년 전의 이야기입니다. 만일 그때 임금이 심었던 느티나무가 아직 살아 있다면 얼마나 크고 훌륭했을까요? 하지만 애장왕이 심은 나무 가운데 살아남은 나무는 한 그루도 없어요. 그만큼 긴 세월이 흐른 거죠.

　다행히 임금이 심은 나무의 흔적으로 이미 수명을 다하고 죽은 고사목이 두엇 남아 있어요. 줄기의 상당 부분이 부러진 고사목입니다만, 품 안에 긴 세월의 흐름을 그대로 담은 듯 웅장합니다. 일주문에서 천왕문으로 이어지는 길 왼쪽에 서 있는 고사목이 바로 임금이 손수 심은 나무입니다.

　아, 웬 문이 그리 많으냐고요? 대부분의 절에는 문이 세 개씩 있어요. 일주문, 천왕문, 해탈문이 그것입니다. 일주문을 들어서서 조금 가면 천왕문이 나오는데, 작은 집처럼 생긴 천왕문 안쪽에는 네 천왕이 두 눈을 부릅뜨고 무서운 표정으로 지키고 있지요. 천왕이 네 명이어서 사천왕이라고도 부르지요. 아마 절을 가본 적이 있다면 모두 쉽게 떠올릴 수 있을 겁니다.

천왕문 앞쪽에 서 있는 고사목은 이미 오래전에 죽은 나무여서 줄기는 허옇게 말랐지만, 대단한 크기여서 그냥 스쳐 지나기 어려울 만큼 눈길을 끈답니다. 줄기둘레는 5미터가 넘고, 남아 있는 줄기의 높이도 7미터 가까이 되는 엄청난 크기랍니다. 이 나무가 죽지 않고 살아 있다면 어떤 생김새였을까요? 스스로 상상해 보시기 바랍니다.

이 나무가 바로 지금부터 1200년 전 당시 나라를 다스리던 임금이 직접 심은 나무입니다. 그런 사연 탓인지 나무가 무척 의젓해 보이기까지 합니다.

이제 또 하나의 인상적인 고사목을 만나러 봉화군 청량산으로 갈 차례입니다. 청량산에는 해인사처럼 유명한 절인 청량사가 있답니다. 청량산 골짜기에 자리 잡은 청량사는 특히 가을에 단풍이 들면 천하의 절경을 이루지요. 그래서 가을 단풍 관광지로는 우리나라에서 첫손에 꼽는 곳이기도 합니다.

고사목 느티나무는 응진전이라는 청량사에 딸린 암자로 이어지는 멋들어진 숲 속 오솔길을 가다가 만나게 됩니다. 숲길을 걷다 보면, 청량정사라는 조그마한 옛집이 나옵니다. 이 옛집은 청량산이 좋아서, 아예 자신의 호를 '청량산인'이라고까지 했던 퇴계 이황 선생이 어릴 때에 공부하던 집입니다. 이 작은 집 앞을 지나는 오솔길 옆에 고사목이 있지요.

이미 오래전에 죽은 나무여서 넓게 펼쳤을 나무 위쪽의 가지는 하나도 없고 기둥이라 해야 할 중심 줄기만, 그것도 껍데기만 남고 줄기 안쪽은 큰 구멍이 나 텅 비었어요. 그래도 워낙 큰 고사목이어서, 남은 줄기만으로도 규모가 엄청나다 할 수 있어요.

줄기 둘레는 어른 셋 정도가 둘러서야 겨우 끌어안을 수 있을 정도로 굵고, 높이도 8미터가 넘습니다. 줄기 안쪽은 불에 그슬린 것처럼 시커먼 흔적이 남아 있는데, 청량사 스님들은 한국전쟁이 일어났을 때, 이 나무 구멍 안에 네 사람을 집어넣어 불로 태워 죽이고 남은 흔적이라고 이야기합니다. 끔찍한 이야기입니다. 얼핏 보아서 네 명이 들어갈 수 있을까 싶지만, 잘 살펴보면 그럴 수도 있겠어요.

시커멓게 죽은 나무 둥치를 꼼꼼히 살펴보기 시작하면 재미있는 사실을

발견할 수 있습니다. 가만히 보니, 썩은 나무줄기 껍질 사이로 개미라든가 조그마한 벌레들이 꿈틀거리며 바쁘게 돌아다니는 걸 볼 수 있지요. 또 고개를 들어 고사목의 줄기 꼭대기를 쳐다보니, 썩어가는 나무줄기 위에 다른 식물들이 뿌리를 내리고 싹을 틔웠습니다. 또 얼마 전에는 이 나무줄기의 텅 빈 구멍 안쪽에 토종벌이 커다란 벌집을 짓고 있었다고도 합니다. 그 벌집은 바로 곁에 있는 숲길로 오가는 등산객들이 위험할까 봐 스님들이 치웠다고 합니다.

 나무는 이미 오래전에 생명은 다했지만, 생명을 마친 뒤에 자신을 다른 생명이 살아갈 보금자리로 내어준 거라는 놀라운 사실을 깨닫게 됩니다. 그러니까, 어쩌면 나무는 죽었지만, 죽음으로써 또 다른 생명이 태어나 살게 한 것으로 생각할 수 있지 않을까요?

권정생 선생님의 동화 '강아지똥'이 생각나네요. 도무지 쓸모없어 보이는 강아지똥이지만 분명히 이 땅에 남아 있는 모든 것들이 나름의 가치와 의미를 지녔음을 깨닫게 해준 동화 말이에요.

  이미 죽었지만, 임금과 절집의 내력을 알려주는 역사의 증인으로서 남은 해인사 고사목이나, 다른 생명이 보금자리로 삼고 더 풍요롭게 살도록 스스로를 내어주는 청량산 고사목, 이들은 모두 이 땅에 존재하는 모든 것들의 의미를 다시 생각하게 하는 위대한 자연의 산물입니다.

느티나무는 어디에 쓰일까?

나무, 그까짓 것, 대체 어디에 써먹나요? 그렇게 생각한 적 있나요? 아니었다면 다행입니다만, 그렇다고 나무가 어디에 어떤 쓰임새로 이용되는지 꼼꼼히 알기는 사실 쉽지 않아요. 그건 우리의 관심이 모자라서라기보다는 나무의 쓰임새가 우리가 헤아릴 수 없을 만큼 폭넓게 쓰이기 때문이랍니다.

우리가 세세한 쓰임새를 잘 몰라 그렇지, 세상의 거의 모든 식물은 살아 있을 때부터 죽어서까지 버릴 것이 거의 없답니다. 우리가 병에 걸렸을 때 먹는 약들도 상당 부분은 식물로 만들지요. 그뿐만 아니라, 식물들이 광합성을 통해서 만들어내는 산소는 우리의 호흡에 필수 요소이고, 열매는 아주 중요한 먹을거리예요.

중요한 약을 만들기 위해 식물의 잎이나 뿌리, 혹은 줄기에서 뽑아내는 성분을 찾아볼까요? 우리가 머리 아플 때 많이 찾는 아스피린은 버드나무에서 뽑아낸 성분으로 만들었고, 암 치료에 쓰는 택솔이라는 약품의 주요 성분도 주목이라는 나무에서 뽑아낸 거랍니다.

옛날부터 나무나 풀을 심어 키운 이유는 대부분 그런 실용적인 이유 때문이었어요. 요즘이야 정원을 예쁘게 꾸미거나, 건물 주변의 넓은 공간을 아름답게 하려고 나무를 많이 심지만, 그건 그리 오래되지 않은 이야기랍니다. 그만큼 식물들의 쓰임새가 넓다는 이야기지요.

느티나무는 어떤 부분이 어떻게 쓰일까요? 요즘이야 먹을 게 많아서 그렇지만, 옛날에는 봄에 느티나무 잎이 새로 나면 이 잎을 따 떡을 찔 때 섞었다고 합니다. 그러면 나뭇잎의 상큼한 향기가 떡에 배어 났어요. 또 느티나무의 목재는 결의 무늬가 아름다울 뿐 아니라 색깔도 멋있어서 건물을 지을 때에나 배를 만들 때, 조각할 때 아주 중요한 재료로 여기지요. 그런 면에서는 소나무와 마찬가지입니다.

혹시 '우리나라 사람들은 소나무로 만든 집에서 태어나 소나무로 만든 음식을 먹고 자라나서, 죽을 때는 소나무로 만든 관에 들어간다'는 이야기를 들어본 적 있나요? 유난히 우리나라에 소나무가 많이 자라고, 예로부터 소나무를 좋아했던 우리 민족의 생활 문화를 드러내는 이야기이지요.

 소나무 이야기는 아주 정확히 맞습니다. 그런데 느티나무는 소나무보다 더 좋은 목재로 쓰입니다. 대개 서민들은 소나무를 많이 이용했지만, 양반들은 느티나무로 지은 집에서 느티나무로 만든 가구를 놓고, 느티나무로 된 관에 묻혀 죽는다고 했어요. 소나무도 무척 좋은 목재임에 틀림없지만, 느티나무는 그보다 한 수 더 위라는 이야기예요.

경주에 남아 있는 신라 임금의 무덤인 천마총을 잘 조사해 봤더니, 거기서 나온 관들은 대부분 느티나무로 만들었다고 합니다. 천마총뿐 아니라, 가야국의 무덤에서 나온 고관대작들의 관도 대부분은 느티나무로 만들었다고 합니다.

관뿐 아니라, 임금이 살던 궁에도 소나무와 함께 가장 많이 쓰인 목재가 바로 느티나무였어요. 또 우리나라의 오래된 절집에 가도 느티나무 목재로 만든 기둥은 흔히 볼 수 있지요. 또 가구를 만들 때에도 느티나무 목재가 많이 쓰였는데, 특히 느티나무로 만든 밥상은 아주 귀하게 여겼습니다.

옛날에는 나무의 꽃이나 열매 혹은 잎사귀에서 사람의 병을 치료할 수 있는 성분을 찾아냈습니다. 앞에서 이야기한 아스피린이나 암 치료제가 아니라 해도, 한의원에서 지어주는 한약은 대부분 식물을 주요 재료로 삼아요.

느티나무 열매를 먹으면 눈이 밝아지고 흰머리는 검어지는 효과가 있다는 기록이 전하지만, 한방 치료에 느티나무가 그리 많이 이용되지는 않았던 모양입니다.

알고 보니, 느티나무도 쓰임새가 참 많죠? 그러나 느티나무의 가장 요긴한 쓰임새는 뭐니 뭐니 해도 아마 정자나무로서의 쓰임새일 겁니다. 앞에서 살펴봤듯이, 마을마다 한 그루씩 버티고 서 있는 정자나무 말입니다.

곽재우 장군이
의병 훈련 때
쓴 나무

나무가 좋다! 의령 현고수

> 느티나무 가운데에는 나라가 위기에 처했을 때,
> 함께 아파하면서 위기를 극복하기 위해 제 몸을 바친

나무도 있어요. 경상남도 의령군 유곡면 세간리에 있는 나무로, 다른 느티나무와는 사뭇 다르게 생겼는데 아주 특별한 내력을 갖고 있답니다. 나무를 소개하기 전에 먼저 이 고을 이야기를 해야겠어요. 의령군이 자랑하는 인물이 한 분 있습니다.

조선시대에 일본의 왜군이 우리나라를 침략하며 임진왜란이 일어났습니다. 전쟁이 일어나자 바다에서는 이순신 장군이 왜군을 물리치는 데에 큰 공을 세웁니다. 육지에서는 우리 땅을 스스로 지키자는 운동이 일어납니다. 역사 교과서에 나오는 '의병 운동'이 바로 그것이지요.

의병은 나라에서 징병한 군인들이 아닙니다. 우리 민족은 평소엔 연약한 듯 보이지만, 외적이 침입하면 자신을 스스로 지켜내는 데에 목숨을 바쳐왔어요. 임진왜란이 일어났을 때도 그랬지요. 우선 내가 사는 고을은 내 손으로 지키자고 생각한 백성이 자발적으로 모이기 시작했어요. 거기에는 양반·상민의 구별이 없었고, 유교·불교 등 신앙의 차이도 없었습니다. 오로지 이 나라 이 땅을 지키자는 큰 뜻 하나로 뭉쳐서 목숨 바쳐 싸웠습니다.

그 가운데 유명한 의병장으로 곽재우 장군이 있습니다. 이 분은 전쟁이 일어나기 전까지는 군인이 아니었어요. 우리가 선비들을 이야기할 때, 문인文人이나 무인武人이라는 말을 하지요. 무인은 요즘 말로 군인이나 경찰 같은 사람을 가리키고, 문인은 글공부를 하거나 글 쓰는 일을 주로 하는 사람을 가리키는데, 곽재우 장군은 문인이었어요.

임진왜란이 일어난 건 그분이 마흔 살을 막 넘긴 1592년이었지요. 왜란이 일어나자 그때까지는 글방에 앉아 글공부만 하던 이 분은 외적의

침입을 그냥 두고 볼 수 없었어요. 나라를 지키는 데 문인 무인을 나눌 일이 뭐 있느냐며, 전쟁에 몸소 나가기로 작정했지요. 바로 의병을 모으기 시작한 겁니다. 임진왜란이 일어나자 가장 먼저 의병을 일으킨 겁니다. 처음에는 겨우 수십 명 정도였지만, 나중에는 2000명이 넘는 의병을 모았고, 왜군에 맞서 굳세게 싸웠어요.

곽재우 장군은 전투에 나설 때에 붉은 옷을 입고 맨 앞에 나섰기 때문에 사람들은 그를 '붉은 옷의 장군', 한자로 붉을 홍紅, 옷 의衣 자를 써서 '홍의장군'이라고 불렀습니다. 홍의장군이 이끄는 의병은 가는 곳마다 번번이 아주 큰 승리를 거두어 왜적들이 사족을 못 쓰고 줄행랑 놓기에 바빴다고 합니다.

곽재우 장군이 태어나 자라고 글공부를 하던 곳이 바로 의령입니다. 의령군에는 지금도 그분의 업적을 기리기 위해 충익사라는 사당을 크게 짓고, 해마다 홍의장군 추모제를 지낸답니다. 바로 그 곽재우 장군이 태어난 집이 의령군 유곡면 세간리에 있습니다. 오래된 집이어서 다 허물어졌던 것을 지난 2005년에 옛 모습 그대로 근사하게 되살려놓았답니다.

이제 곽재우 장군과 특별한 인연을 맺고 있는 느티나무 이야기를 해야겠네요. 이 나무에는 특별한 이름이 붙어 있어요. 꽤 어려운 한자이니 잘 보세요. '매달다' '걸다'라는 뜻을 가진 현懸 자와 둥둥 치는 북을 뜻하는 고鼓 자, 그리고 나무 수樹 자를 써서 '현고수懸鼓樹'라고 부릅니다. 좀 어려운 글자네요.

이 나무는 지난 2008년에 천연기념물 제493호로 지정해서 보호하고 있습니다. 이 나무에 이런 독특한 이름이 붙은 데는 이유가 있어요. 벌써 이름을 보고 눈치챘나요? 예. 맞습니다. 장군이 의병을 모으고, 전투 훈련을 하기 위해서는 모두 모이라고 신호를 보내야 하잖아요. 그때 장군은 큰 북을 둥둥 울렸답니다. 북이 커서, 손으로 들고 두드릴 수 없어서 어디엔가 매달아야 했는데, 마침 북을 걸어두기 딱 좋은 게 바로 마을 앞 공터에 서 있는 느티나무였습니다. 곽재우 장군은 이 나무에 큰 북을 걸어 두고 의병들이 모이는 신호로 쳤다는 거지요.

이 나무는 사실 그리 크지 않습니다. 키는 15미터쯤 되고, 가슴높이 줄기둘레는 7미터밖에 안 되니, 다른 천연기념물급 나무에 비하면 키나 줄기 등 전체적으로 작은 편에 속합니다.

그런데 생김새가 재미있어요. 사진에서 보듯이 이 느티나무는 땅에서 2미터쯤 되는 높이에서 줄기가 심하게 뒤틀려 자랐습니다. 거의 직각에 가깝지요. 바로 그 휘어진 부분 위쪽에 곽재우 장군이 북을 걸었다는 겁니다. 가만히 들여다보면 커다란 북을 매달고 힘차게 두드리기에 더없이 알맞을 것이라는 생각이 들지요.

임진왜란이 일어난 게 약 410년 전인 1592년인데, 그때 이미 줄기가 중간에서 휘어 북을 걸기 좋을 만큼이려면 적어도 100살은 넘지 않았을까요. 그러면 이 나무는 대략 520살 정도 되었다고 봐야 하겠지요.

이 마을뿐 아니라 의령군에서도 이 나무를 오래전부터 나라를 지키는 데에 한 몫 거든 기특하고도 귀중한 나무라고 생각하고 잘 보호해 왔지요. 의령군에서는 의병들의 활동을 오래오래 기억하기 위해 지금도 해마다 의병제전이라는 행사를 벌이는데, 바로 이 현고수 느티나무에서 성화를 채화하는 것으로 시작한답니다. 이 정도면 우리가 오래오래 보호해서 후손에게까지 잘 물려주어야 할 훌륭한 나무 아닐까요?

독립투사를 도운 느티나무

나무가 좋다! 영동 학산면 박계리 느티나무

'독립투사 느티나무'라는 별명을 가진 느티나무도 있습니다.

의령 현고수 느티나무가 임진왜란 때 나라를 지키는 데 쓰인 나무라면, 이 나무는 일본 사람들이 우리나라를 식민지로 만들기 위해 강제 침략했을 때 활동한 나무입니다. '독립투사'라는 별명이 심상치 않습니다.

이 느티나무는 충청북도 영동군 군서면 학산면 박계리라는 호젓한 마을에 있습니다. 천연기념물도 지방기념물도 아니어서, 나무를 찾아가는 게 쉽지 않아요. 게다가 길가에서 조금 떨어진 마을 안쪽에 살짝 숨은 듯 서 있어서 찾기가 어렵지요.

게다가 오래전 이야기여서인지, 마을 분 중에도 '독립투사 느티나무'를 잘 모르는 분이 있더라고요. 이 마을에 도착해서 마을 어른들께 '독립투사 느티나무'가 어디 있느냐고 여쭈었더니, 그런 나무는 잘 모르겠고, 오래된 '둥구나무'는 한 그루 있다며 알려주더군요.

'둥구나무'는 그냥 크고 오래된 정자나무를 가리키는 말이에요. 그런데 이 훌륭한 나무 바로 곁에 살면서도 왜 그저 평범한 '둥구나무'로만 알고 있을까요? 마을 어른들과 이 나무를 찾아가보니, 나무 앞에 안내판이 서 있었어요. 거기에도 분명히 '독립투사 느티나무'라고 쓰여 있거든요. 안내판을 곰곰 들여다보던 노인께서 "아, 참. 먹고 살기 바쁘다 보니, 저런 귀중한 이야기도 모르고 살았네" 하더군요. 허리가 휠 정도로 힘들게 농사일하느라 지나간 이야기는 잘 몰랐던 겁니다. 그래서 우리 역할이 중요한 겁니다. 나무들이 말을 못한다 해서 그냥 스쳐 지나지 말고, 주변의 나무들에 어떤 사연이 담겨 있는지 잘 살펴보아야 합니다. 그러다가 이 독립투사 느티나무처럼 훌륭한 사연을 가진 나무를 찾아낸다면, 널리 알려서 오래 잘 보존하도록 함께 애써야 하는 겁니다.

독립투사 느티나무에 얽힌 사연은 이렇습니다. 일제 강점기 때의 일이지요. 일본을 물리치고 우리나라의 독립을 위해 몸바쳐 싸우던 독립투사들이 서울에서 만든 독립선언서를 전국 각 지방으로 전해야 했지요. 그때, 서울에서 남쪽 지방으로 가려면 반드시 거쳐야 하는 곳이 바로 영동 지역이었어요. 그런 지역을 교통의 요지라고 하지요. 중요한 지역이다 보니, 영동 지역에는 일본 순사들이 많았어요. 길목마다 어김없이 순사들이 지키고 있어서 독립투사들이 무사히 이곳을 지나기는 매우 힘들었답니다.

독립투사들과 뜻을 같이했던 마을 사람들은 나무를 이용하기로 했어요. 일본 순사들의 움직임을 잘 살펴서 독립투사들과 미리 약속한 방식대로 나뭇가지에 헝겊을 걸어 표시하기로 했지요. 일종의 암호였어요. 주위 산속에 숨어 있던 독립투사들은 마을 사람들이 나무를 통해 알려 주는 신호를 기다렸고, 마을 사람들은 일본 순사의 눈길을 피해 은밀하게 나뭇가지에 헝겊을 걸었습니다.

순사들의 경계가 허술하다는 헝겊 암호가 느티나무에 걸리면 독립투사들은 서둘러 나와서 그 길을 통과해 멀리 남쪽 지방까지 안전하게 독립선언서를 전달했던 거예요. 이 느티나무는 그렇게 산 속에 숨어 있는 독립투사들에게 암호를 전하기에 아주 좋았어요.

우선은 무엇보다 큰 나무여서 멀리서도 가지 끝에 걸린 헝겊을 잘 볼 수 있기 때문이지요. 그리고 나무가 길가에서 조금 떨어진 마을 안쪽에 있으니, 주로 길가로 나다니는 일본 순사들의 눈길을 피할 수 있다는 것도 좋은 조건이 됐지요.

> 이 나무는 나라의 독립을 위한 싸움에서 매우 귀중한 정보를 알리는 표지 역할을 톡톡히 해낸 장한 나무인 거죠. 일본 사람들이 물러간 뒤, 마을 사람들은 이 나무가 든든한 독립투사 노릇을 했다며, '독립투사 느티나무'로 부르게 된 겁니다.

이 나무의 키는 20미터쯤 됩니다. 가슴높이 줄기둘레도 이야기해야 하는데, 그게 좀 애매해요. 뿌리 부분에서부터 마치 두 그루가 붙어서 자란 것처럼 줄기가 둘로 나뉘어 있기 때문이에요. 두 줄기 중 서쪽으로 기울어 자란 줄기가 동쪽 줄기보다 훨씬 높게 잘 자랐어요. 어떻게 보면 이 느티나무는 뿌리 부분에서부터 두 그루의 나무가 붙어서 자란 것은 아닌가 의심하게도 됩니다.

나뭇가지들은 매우 넓게 퍼져서 나무가 지어낸 시원한 그늘이 무척 넓습니다. 나무 바로 옆에 집들이 붙어 있어서, 나뭇가지들은 바로 집 안쪽으로까지 뻗었어요. 나무가 있는 자리는 축대를 쌓아 잘 보호하고 있으며, 축대 위의 나무줄기 바로 앞에 평상을 놓아 마을 분들이 편히 쉴 수 있게 했습니다. 마을 노인들이 그저 오래된 정자나무인 '둥구나무'라고만 생각하게 된 것도 그래서일 겁니다.

그저 아무 일 없이 없었다는 듯 천연덕스레 서 있는 느티나무이지만, 지금까지 우리 곁에서 '독립투사 느티나무'라는 세상에 하나밖에 없는 나무로 살아남기까지에는 우리 민족이 겪은 수난의 역사를 함께 겪어온 아픔과 삶의 굳은 의지가 있었겠지요. 나무가 우리를 지켜주기 위해 오래전에 애썼듯이 이제는 우리가 나무를 지켜주어야 합니다.

느티나무와 우리 문화

2부

마을 사람들의 넉넉한 쉼터인 정자나무

앞에서 느티나무를 정자나무라고 여러 번 표현했습니다. 그런데 여러분은 '정자'가 무엇을 뜻하는지 아세요? 우리나라 사람들은 오래전부터 정자를 많이 지었는데, 큰 집에 달린 부속 건물로 짓기도 하고, 들판의 원두막처럼 따로 짓기도 했어요. 어디에다 어떤 방식으로 짓건, 모든 정자는 주변에 아름다운 자연 풍경이 있고, 사람들이 쉬기 좋은 곳이라는 점만큼은 똑같습니다.

정자에는 이름을 붙여요. 도시에서도 공원에 가면 '팔각정'이라는 자그마한 건물을 흔히 볼 수 있잖아요. 그게 바로 정자입니다. 옛날에 지어진 정자들도 하나같이 독특한 이름이 붙어 있는데, 대개는 한자 이름이어서 한눈에 알아보기가 쉽지 않습니다.

강원도 강릉의 큰 저택 '선교장'의 연못에 있는 활래정과 서울의 대표 궁궐인 창덕궁의 부용정은 큰 건물의 부속 건물로 지은 정자입니다. 전라남도 담양의 식영정은 산속에 외따로 지은 정자입니다. 그 정자들의 이름 뒤에 공통으로 붙은 정亭 자가 바로 '정자 정'입니다.

정자는 사람들이 모이는 곳이에요. 모여서 즐겁게 놀든, 편안한 휴식을 취하든, 어쨌든 사람들이 모이기 좋은 곳이라는 점은 똑같습니다.

요즘이야 인구가 많아서 시골의 정자처럼 조그마한 공간에 많은 사람이 모이기 어렵지만, 옛날에 한 마을에 사람이 많지 않았을 때에는 정자에 모두 모여서 즐겁게 놀았답니다. 특히 한여름에 농사일에 지친 농부들은 일을 마치고 정자에 모여서 쉬다가 집에 들어가기도 했지요.

정자와는 생김새가 다른 느티나무를 정자나무라 하는 건 왜일까요? 아마도 그늘이 풍성한 느티나무 아래는 사람들이 모이기 좋아서 느티나무를 마을의 정자처럼 이용하면서, 자연스레 정자나무라 부르게 되었을 것입니다.

느티나무는 줄기 하나가 곧게 올라온 뒤, 적당한 높이에서 숱하게 많은 가지가 퍼져 나와서는 넓게 펼치며 자랍니다. 거기에 잎이 무성하게 달리기 때문에 느티나무 가지 아래쪽은 한여름에도 시원한 그늘이 드

리워지고, 비가 와도 충분히 비를 피할 수 있을 정도이지요. 그러다 보니, 사람들은 느티나무 그늘에 모이는 걸 자연스럽게 생각해왔지요.

어쩌면 사람들은 사람의 손으로 지은 건축물 정자보다 느티나무 그늘을 더 좋아했는지 모릅니다. 마을 어귀에 큰 나무가 있는 마을에서는 따로 정자를 짓지 않았거든요. 그냥 느티나무 한 그루로 충분하다 싶었던 거죠. 물론 가끔은 커다란 느티나무가 있고, 곁에 조그마한 정자를 따로 짓기도 했습니다. 그런 경우, 자그마한 정자는 그저 장식품에 지나지 않습니다. 사람들은 콘크리트로 만든 정자에 들어서기보다는 푸근한 흙내가 고스란히 살아 있는 느티나무 그늘에 주저앉는 걸 훨씬 좋아하지요.

쉼터로서 혹은 정자로서 느티나무만큼 딱 알맞춤한 나무는 아마 없을 겁니다. 팽나무나 푸조나무 같이 비슷한 나무가 있긴 하지만, 이 나무들은 주로 남부지방에서 자라는 나무여서 우리나라 전 지역에서 찾아볼 수 있는 정자나무로는 느티나무가 으뜸이지요.

느티나무 정자는 마을에서 매우 중요한 역할을 했답니다. 마을의 누군가에게 좋은 일이 생길 때에나 나쁜 일이 생길 때에도 사람들은 자연스레 정자나무 그늘에 모였지요. 좋은 일의 기쁨을 어떻게 나눌 것인지 함께 궁리하고, 나쁜 일을 겪은 사람을 어떻게 위로할지 머리를 맞댄 곳도 바로 느티나무 그늘이었습니다.

 느티나무 그늘은 세상 누구라도 다 받아들일 만큼 포용력이 크지요. 아무나 다 들어설 수 있는 곳이 바로 느티나무 정자입니다. 마을을 지나가는 나그네부터 한여름 모기를 피해 낮잠 자는 어린아이까지 느티나무 정자를 거치지 않고서는 이 땅에서 살 수 없을 정도입니다.

또 느티나무 그늘은 요즘 말로 하면 '민주주의의 광장'이라고 해도 될 겁니다. 사람들은 느티나무 그늘에 모여앉아서, 이러저러한 일을 토론했습니다. 사람들은 모두 편안하게 마음을 열고 자기 이야기를 하고 다른 사람의 이야기를 들었습니다. 높다란 빌딩들로 꽉 막힌 도시에서 마음마저 꽉 닫고 살아가는 도시인들과는 전혀 다른 모습입니다. 느티나무 그늘에 모여 사람살이를 이야기했던 옛사람들은 그러니까 민주주의를 몸으로 실천했다고 할 수 있는 겁니다.

사람처럼 말을 하거나 돌아다닐 수 없으니, 느티나무는 그저 한 자리를 지키며 마을에서 일어나는 모든 일을 다 보고 듣지만 다른 곳에 옮기지 않지요. 그저 가만히 지켜보기만 한 거예요. 그러다 보니, 느티나무에 한 마을의 역사가 고스란히 담기게 됩니다. 조금 더 넓게 생각해 보면, 우리 민족의 모든 역사는 느티나무와 함께 했다고 해도 틀리지 않을 겁니다.

느티나무에 새겨진 우리 민족의 역사를 찾아내는 일은 이제 우리들의 몫이에요. 나무가 말을 하지 않으니, 우리가 나무 곁에 서서 나무를 바라보고, 말 못하는 나무에 담긴 이야기들을 하나하나 들춰내야 하는 거죠. 그러려면 무엇보다 우리가 마음을 편안하게 열고, 느티나무 앞에 서서 오랫동안 이 나무를 스쳐 간 사람들의 살림살이를 떠올려 보는 일부터 시작해야 할 겁니다.

그렇게 나무를 한참 바라보고, 또 나무 곁에서 살아온 마을 노인들을 찾아다니며 이야기를 들어보면 한 마을의 역사를 하나둘 퍼즐 맞추듯 살려낼 수 있습니다. 그래서 정자나무라 부르는 느티나무는 우리나라의 살아 있는 역사와 다르지 않다고 이야기할 수 있는 겁니다.

마을 보금자리에 심은 나무

나무가 좋다! 남원 보절면 진기리 느티나무

지금부터 600년 전쯤
한 어른이 산 좋고 물 좋은 자리를 찾아다녔습니다.

어른은 기왕에 좋은 땅을 찾아다니는 길이니, 자신뿐 아니라 가까운 이웃들이 함께 마을을 이루고 살 만한 곳을 찾아 산으로 들로 열심히 다녔습니다. 그렇게 열심히 찾아다닌 끝에 마을을 이루기에 꼭 알맞다고 생각한 곳이 지금의 전라남도 남원 땅 보절면 진기리였습니다.

집 지을 터를 닦고 길을 내면서 차츰 가까운 친지들을 불러 모아 마을을 이루고 마을 이름을 진기마을이라고 지었지요. 그렇게 진기마을의 터를 처음 닦은 분의 성은 우禹, 이름은 공貢, '우공'이었어요. 이 분은 워낙 힘이 장사였답니다.

마을 사람들이 오순도순 살아갈 보금자리를 닦은 후 어느 날 이 어른이 뒷산에 올랐습니다. 어른은 뒷산에서 잘생긴 나무 한 그루를 골라 뿌리째 뽑아 어깨에 메고 산을 내려왔습니다. 그리고는 마을 사람들이 늘 지나다니는 길목이자 마을 한복판에 심었습니다. 우공 어른은 마을을 상징하는 나무이자 마을 사람들이 편안하게 쉴 수 있는 정자나무를 심는 것이 마을 만들기의 최종 마무리라고 생각한 거죠.

우공 어른은 조선시대 세조가 임금에 오를 때 큰 공을 세운 무관이에요. 힘이 장사인 어른이니 당연히 무술이나 전쟁에 어울렸겠지요. 우공 어른은 세조에게 공을 인정받아서 정삼품이라는 벼슬을 얻게 되지요. 날이 갈수록 공로를 더 쌓아서 나중에는 정충적개공신, 경상좌도수군절도사에 오르는 등 무관으로서는 최고 지위에 오릅니다.

1413년에 태어난 우공 어른은 서른 살이 되기 전에 벼슬에 나섭니다. 마을을 떠나게 되었을 때에는 마을 사람들을 모아놓고, "이 나무는 우리 마을이 처음 생겼을 때 심은 나무이니, 우리 마을의 대표적 상징이

다. 마을의 평화를 지켜주는 마을 사람 모두의 정자나무이니 잘 가꿔야 한다"고 신신당부를 했습니다.

우공 어른이 태어난 시기에 비추어 보면, 진기마을에 보금자리 터를 닦은 건 지금부터 약 600년 전쯤으로 보는 게 맞을 겁니다. 마을 정자나무를 심은 것도 바로 그때쯤이겠지요. 그런데 마을 분들이 이야기하기를 우공 어른이 산에서 뿌리째 뽑아서 메고 내려온 나무는 무척 큰 나무였다고 합니다. 그러면 이 나무는 거의 700살에 가까운 오래된 나무라 봐야겠지요.

앞으로는 넓은 들이 펼쳐지고, 뒤로는 산이 아늑하게 막아주는 살기 좋은 진기마을에는 모두 마흔 가구 정도의 가족들이 옹기종기 모여서 살고 있지요. 작은 골목 안으로 들어서면 바로 이 진기마을 느티나무가 마을의 집들보다 먼저 눈에 화들짝 들어옵니다. 한 눈에도 오래 살아온 큰 나무라는 걸 알아챌 수 있을 만큼 훌륭한 모습입니다.

나무는 키가 23미터나 됩니다. 아파트와 같은 도시의 빌딩 높이와 견주어 보면 거의 8층 가까이 되는 높이까지 자란 겁니다. 대단하죠? 그리고 나무의 줄기도 엄청 굵습니다. 나무의 크기를 잴 때에 먼저 나무의 키를 이야기하지만, 키만큼 중요하게 보는 게 줄기의 굵기이거든요. 그런데 이 굵기는 대개 어른들의 가슴높이쯤을 기준으로 재지요. 그래서 흔히 가슴높이 줄기둘레라고 이야기하는데, 이 나무의 가슴높이 줄기둘레는 8미터가 조금 넘습니다.

이 나무는 특별히 뿌리 부분이 사람 가슴높이의 줄기보다 훨씬 펼쳐졌어요. 뿌리 근처의 둘레를 재 보니, 무려 13.5미터나 된답니다. 그래서 이 나무 주위를 사람들이 둘러서려면 어른 여섯 명으로도 모자랄 정도랍니다. 대단히 큰 나무입니다. 더 멋져 보이는 것은 땅으로 드러난 뿌리들이지요. 물론 땅속 깊이 튼튼하게 자리 잡은 뿌리 외에 땅 가까이에 있는 뿌리들은 흙 위로 모습을 그대로 드러냈는데, 그게 마치 느티나무 가지들처럼 무수하게 뻗어 나와서 정말 장관을 이루었답니다. 이 정도만 해도 매우 훌륭한 나무임이 틀림없습니다. 문화재청에서도 이 나무의 가치를 인정해서 천연기념물 제281호로 지정해서 보호하고 있답니다.

느티나무가 정자나무로 쓰임새가 많다고 했는데, 그러려면 나뭇가지가 넓게 펼쳐져서 나무가 드리우는 그늘이 넓어야 좋겠지요. 이 나무의 가지 펼침도 어마어마해요. 동서남북 사방으로 고르게 펼쳐진 이 나무의 가지는 사방으로 25미터가 훨씬 넘는 규모입니다.

나무 바로 곁에는 집이 한 채 있고, 그 옆으로는 낡은 사당이 한 채 있습니다. 이 사당은 농사일로 바쁜 마을 분들이 일일이 돌보기 어려워서인지, 평소에는 허름하고 지저분해 보이는데, 해마다 한식날에는 마을 분들의 관심이 집중되는 곳이라고 합니다. 이 사당은 마을의 터를 처음 닦고 후대에까지 자랑스러운 선조로 남은 우공 어른을 오래오래 기억하기 위해 후손들이 지었습니다. 그 후손들이 지금까지 해마다 한식날 제사를 올리는 거죠.

한참 동안 이 멋진 느티나무를 바라보고 있으면, 용맹스러운 장군이 천만 대군을 거느리고 말을 타고 달려오는 소리가 들리는 듯합니다. 나무가 그분의 기상처럼 용맹스러운 모습이기 때문이겠지요.

농사꾼들의 쉼터인 정자나무

나무가 좋다! 양주군 남면 황방리 느티나무

> 정자나무 역할을 하는
> 양주 남면 황방리의 느티나무도
> 크기나 나이가 모두 만만치 않아요.

나이는 진기마을 느티나무보다 조금 많은 850살쯤 된 것으로 짐작되는 늙은 나무이지요. 조금 더 오래 살아서인지, 키도 조금 더 커서 24.5미터나 되는데, 가슴높이 줄기둘레는 8미터가 조금 안 됩니다. 그리고 나뭇가지의 펼침은 진기마을 나무와 비슷해서 동서남북 사방으로 25미터가량 펼쳤답니다.

이 나무도 옛 선조가 마을의 정자나무로 심은 느티나무라는 점에서는 앞의 나무와 그대로 닮았습니다. 그런데 이 마을은 나무에서부터 이어지는 마을 길을 타고 꽤 들어가야 한답니다. 그러니까 어찌 보면 마을 정자나무라기보다는 길 가는 나그네들을 위한 정자나무로 생각하기 쉽지요.

나무를 찾아가려면 먼저 국도 가장자리의 낚시터를 만나게 되지요. 봉암저수지라는 낚시터인데, 이 낚시터를 끼고 좁다랗게 난 마을 길로 들어서서 구불구불 두어 번 돌아들며 약 350미터쯤 가야 합니다. 길가에 서 있는 나무이니, 찾기 어렵지 않아요. 나무 바로 곁에는 자그마한 정자가 있어요. 이 길이 워낙 좁은 데다 가끔 자동차들이 드나들어서 옛날처럼 편안하게 쉴 자리가 아니에요. 그래서 이 나무 곁의 길을 조금 더 넓히고 그 자리에 정자를 놓은 겁니다.

또 이 나무의 아름다움을 느끼기 위해 찾아오는 사람들이 늘어나자, 나무 한쪽에는 생태공원을 조성했지요. 생태공원에는 수련, 연꽃 등 연못에서 사는 식물들을 심어두어서, 연꽃 필 즈음에 찾아가면 여러 식물을 관찰할 수 있습니다.

연못을 만든 자리는 원래 논이었어요. 나무가 약간 높은 둔덕 위쪽에 있고 아래쪽으로는 널찍하게 논이 펼쳐져 있었습니다. 최근 들어 농사 일하는 분들이 줄어서, 이 자리를 아예 생태 공원으로 바꾼 거지요.

여기서 잠시 나무 앞에 논이 펼쳐져 있었을 옛날을 상상해 보아요. 봄이 되어 햇볕 따뜻해지면 마을의 농부들은 논으로 일하러 나오겠지요. 뙤약볕에서 허리를 구부리고 한참을 일하다 보면, 아무리 건강한 농부라 해도 이마에는 땀이 송골송골 돋아나고, 온몸이 저리기 시작할 겁니다. 아직 할 일이 많이 남아 있으니 힘들다고 집으로 돌아갈 수도 없을 겁니다. 그때 쉼터가 필요합니다.

허리를 펴고 잠시 숨을 돌리는 농부들의 눈에 들어오는 건 바로 커다란 느티나무였을 거예요. 굳이 말을 할 필요도 없이 자연스레 농부들은 나무 그늘로 모이겠지요. 그때쯤 마침 새참이라도 나온다면, 뙤약볕보다는 나무 그늘에 모여서 시원한 막걸리라도 곁들여 마시면 다시 힘이 나지 않을까요? 이 양주 남면 황방리 느티나무는 그렇게 일하는 농부들을 위해 훌륭한 정자 노릇을 하는 나무인 겁니다.

옛날에 이 마을에는 밀양 박씨 성을 가진 사람들이 살았답니다. 한 어른이 마을 어귀에 넓은 그늘을 만드는 느티나무를 심어 마을 사람들이 편히 쉴 수 있는 쉼터를 만든 거죠. 선조의 뜻을 받들어 후손들이 나무를 잘 보호해서 오늘날 이처럼 크게 자란 겁니다.

오랜 세월을 살다 보니, 이 나무에게도 세월의 상처는 있습니다. 오래전에 태풍이 왔을 때 한쪽으로 났던 큰 가지가 쪼개져 부러졌다고 합니다. 그래서 나무가 한쪽으로 약간 기운 듯 보이지만, 워낙 큰 나무이다 보니 그 정도의 불균형은 그리 밉지 않아 보입니다.

또 한 가지, 줄기 아래쪽인데요. 이 부분의 가운데가 썩은 거예요. 썩은 부분이 작지 않아요. 여러분은 혹시 오래된 나무들의 가운데가 썩어서 커다란 구멍이 난 걸 본 적 있나요? 느티나무뿐 아니라, 대부분의 나무들은 오래 되면 나무의 안쪽부터 썩어들게 되지요. 하지만 나무 안쪽이 썩어 큰 구멍이 나도 나무가 온전히 살아가는 데에 큰 지장이 없습니다. 뿌리에서 잎사귀까지 물을 빨아올리는 중요한 부분은 나무의 껍질 쪽에 있기 때문이지요.

 나무의 줄기 가운데가 썩은 건 큰 문제가 아니지만, 그 썩은 부분이 점점 커져서 나무의 생명에 중요한 껍질 주위까지 넓어지는 건 위험한 일입니다. 그래서 썩은 구멍이 생기면 나무를 치료해 주지요. 흔히 '나무의 외과수술'이라는 걸 해야 해요. 얼핏 보면 뻥 뚫린 구멍을 시멘트로 막은 것처럼 보이는 게 바로 외과수술의 흔적이라고 보면 됩니다.

황방리 느티나무에도 그런 수술 자국이 크게 나 있어요. 줄기의 한쪽 면으로는 거의 3미터 정도 높이까지 수술해 주었어요. 그래도 수술 경과가 좋아서 이 나무는 지금까지 850살이라는 많은 나이인데도 여전히 싱싱하게 잘 살아 있답니다. 놀라운 생명력을 느끼게 하는 멋진 나무입니다.

간절한 소원을 들어주는 당산나무

우리는 충북 괴산 오가리의 아름다운 느티나무를 만나면서 마을 사람들이 지금도 그 나무에 당산제를 지낸다고 했어요. 그렇다면 당산제에 대해 자세히 알아볼까요.

당산제는 당산과 제사를 뜻하는 한자 제祭가 붙어서 만들어진 말입니다. 그러면 '당산'은 뭘까요? 당산은 아주 옛날부터 내려온 민간 신앙의 하나예요. 특히 농사짓는 마을에서는 어김없이 볼 수 있어요. 마을의 평화를 지켜주는 자연물, 즉 바위나 나무 같은 대상을 당산으로 정하고 그 당산에 소원을 빌었던 겁니다.

옛날에 농사를 지으려면 그야말로 하늘의 뜻에 따르는 수밖에 없었을 겁니다. 비가 오면 저마다 논에 물을 대 잘 가두어두고, 날씨가 따뜻해지면 모를 심고, 선선한 바람 부는 가을이면 들판에 곡식이 누렇게 익어가기를 기다렸겠지요. 이 모든 게 하늘의 뜻이라고 생각할 수밖에 없었겠지요.

이렇게 자연의 흐름에 기대어 살다 보니, 사람들은 자연에는 어찌하기 힘든 강력한 힘이 있을 거라고 믿게 됐지요. 그러다 보니, 농사짓는 분들은 해마다 논에 모를 심기 전 하늘에 소원을 빌었어요. 올해는 꼭 풍년이 들게 해달라는 소원이지요. 그렇게 풍년을 기원하는 제사를 풍년제라고 합니다.

사람들은 우리 주위의 자연에 사람보다 훨씬 강한 힘을 가지고 사람살이를 지켜주는 신과 같은 존재가 있을 거라고 믿었어요. 그런 대상을 주변에서 찾았던 겁니다. 그 대상은 우선 덩치가 커야 했을 겁니다. 그래서 눈에 먼저 띈 것이 나무였습니다. 나무는 사람보다 훨씬 크잖아요. 게다가 나무는 사람보다 훨씬 오래 살기까지 하니, 사람을 보호해 줄 최고의 수호신이라 생각한 거예요.

사람들은 마을 어귀에 서 있는 커다란 나무를 당산나무로 정하고 제사를 올렸어요. 그 제사를 바로 '당산제'라고 불렀습니다. 당산제는 마

을마다 조금씩 다르긴 해도 마을 사람들이 평화와 부귀영화를 위해 소원을 빈다는 점에서는 똑같습니다. 또 당산나무는 대개 마을에서 가장 오래되고 큰 나무라는 점도 거의 같아요.

당산나무는 소나무나 느티나무가 대부분인데, 남부지방으로 가면 팽나무 당산나무도 볼 수 있지요. 소나무와 느티나무는 우리나라를 대표하는 나무이지만 우리 주변에서 가장 오래 사는 나무이기도 해서 당산나무로도 알맞아요. 대부분 마을 입구나 마을 뒷동산에 서 있는 나무가 당산나무로 지정되곤 합니다.

당산나무들은 크고 오래 살았다는 점 외에 또 다른 공통된 특징이 있어서 구별하기가 쉽습니다. 우선 당산나무는 줄기 부분에 '금줄'이라는 새끼줄을 매어둡니다. 이건 앞에서도 이미 이야기했지요. 그리고 당산제를 올릴 때 음식을 올려놓을 제단이 나무 앞에 있다는 점도 당산나무들의 특징이지요. 물론 어떤 마을에서는 당산제를 지낼 때에 따로 마련한 상을 내놓기도 하지만 대부분은 돌로 만든 평평한 제단이 있게 마련입니다. 흔한 건 아니지만, 나무 곁에 아주 조그마한 집 한 채를 지어놓은 경우도 볼 수 있습니다. 이 집을 흔히 당집이라고 부르는데, 사람이 살기 위한 집은 아니고 제사 지낼 때 필요한 물건들을 보관해 두는 곳입니다.

자연이 우리를 지켜준다는 옛사람들의 믿음을 한갓 미신이라며 없애야 할 풍습으로 여긴 적도 있었어요. 당집은 물론이고, 심지어는 당산나무까지 베어내기도 했지요. 옛사람들의 믿음을 무조건 건강하지 못한 미신으로만 생각하는 게 과연 옳을까요?

우리 스스로 해야 할 일은 하지도 않은 채 자연의 힘에 의지하려는 걸 좋은 태도라 할 수 없겠지요. 하지만 달리 생각해 보면, 자연에 기대어 살면서 자연의 혜택을 받는 사람들이 갖는 겸손한 자세로 볼 수도 있지 않을까요?

당산제는 한 해 동안 자연에 맞서지 말고, 평안하게 살아갈 것을 스스로 다짐하는 일종의 서약식이라고 볼 수 있겠지요. 당산나무 제사는 그렇게 오랫동안 우리 조상의 사람살이에 자리 잡은 전통문화의 하나임을 인정해야 해요.

사실 요즈음에는 시골 마을에서도 당산제가 차츰 없어지고 있답니다. 그걸 미신이라고 생각해서 그만두는 건 아니에요. 당산제는 어디에서나 마을 큰 잔치처럼 열리거든요. 그런 잔치를 벌이려면 맨 먼저 길굿으로 시작해야 하지요. 길굿은 꽹과리·장구·북·징·소고를 든 농악대가 앞장을 서고 그 뒤로 마을 사람들이 줄지어 따르면서, 마을의 나쁜 귀신들에게 물러가라고 알리는 겁니다.

그런데 요즘에는 이 길굿을 할 수 있는 어른들이 모자라요. 젊은 사람들이 죄다 도시로 빠져나가는 통에 시골에는 노인들만 남아 있는 상황이거든요. 농사짓기도 어려운 노인들이 북과 장구를 메고 길굿을 하기는 정말 어려운 겁니다. 게다가 노인들이 해가 갈수록 점점 약해지면서 길굿에 나서지 못하는 분들이 늘어나 당산제의 시작인 길굿을 하기가 힘들어진 까닭이랍니다.

당산나무는 대개 마을 정자나무이기도 합니다. 사람들은 마을의 평화를 지켜주는 수호신인 당산나무를 무서워하거나 멀리한 것이 아니라 오히려 우리와 함께 살아가는 매우 친밀한 대상으로 생각했어요. 그래서 당산제를 지낼 때는 엄숙하게 제사를 올리지만, 평소에는 편하게 모이는 쉼터가 되는 거예요.

물론 당산나무는 마을에서 매우 신성하게 여기는 나무였어요. 그래서 나무의 가지를 부러뜨리거나 발길질을 하는 것 같은 무례한 행동을 한다면 그 사람은 큰 변을 당한다는 여러 전설도 따라붙어 있지요. 심지어는 당산나무가 태풍에 쓰러지거나 이유 없이 죽으면 그 마을에 흉한 일이 줄줄이 벌어질 수 있다고 생각하는 곳도 있답니다.

그런 편안한 쉼터이자 신성한 수호신으로서의 당산나무 중에는 느티나무가 가장 많습니다. 이제 당산나무인 느티나무를 찾아가 볼까요?

마을 공동 재산으로
당산제를 올리는
느티나무

나무가 좋다! 장수 천천면 봉덕리 느티나무

전라북도에는
무진장이라는 마을이 있어요.

무진장이란 서로 붙어 있는 무주·진안·장수의 세 고장을 합쳐서 부르는 이름이에요. 이 세 곳 모두 아직 공해에 물들지 않은 청정마을로 유명한 곳입니다. 무진장에서 우리가 만날 멋진 당산나무가 있는 곳은 장수입니다.

장수군 천천면이라는 아름다운 고장의 봉덕리라는 작은 마을을 찾아야 합니다. 천천면사무소에서 그리 멀지 않은 곳이에요. 한쪽에는 넓은 밭이 펼쳐져 있고, 다른 쪽으로는 옹기종기 모여 있는 작은 집들 곁으로 난 좁다란 마을 길을 따라 500미터쯤 들어가면 마을 뒷동산이 보입니다. 이 마을은 '고금마을'이라고 부릅니다.

집들에 가려서 마을 안쪽에서는 동산 마루의 모습을 제대로 볼 수 없어요. 나무도 동산 마루에 있기 때문에 제대로 보이지 않는답니다. 뒷동산 오르는 길은 아주 좁은 골목길입니다. 그 골목을 돌아 동산 마루가 훤히 보이는 자리로 나서면, 아! 느티나무 동산이 보입니다. 이 뒷동산 반대편 비탈에는 널찍하게 밭이 펼쳐져 있지요.

동산 마루에 듬직한 느티나무 한 그루가 한가운데 우뚝 서 있고, 그 옆으로 다른 나무들 몇 그루가 작은 숲을 이루고 있어요. 가운데 서 있는 가장 큰 나무가 바로 고금마을의 당산나무인 느티나무입니다. 나무 앞에는 커다란 돌비석을 세워서 천연기념물 제396호로 지정된 훌륭한 나무임을 알리고 있지요.

이 느티나무는 500살이나 됐고, 키는 18미터, 가슴높이 줄기둘레는 6미터가 넘는 큰 나무입니다. 이 큰 나무 곁에 서 있는 몇 그루의 느티나무는 그보다 작은데, 서로 어우러져서 참 싱그러운 마을 숲 분위기를 이루었습니다. 옛날에는 농사일하다가 이 뒷동산 느티나무 아래에서 바람을 쐬면서 쉬곤 했는데, 요즘은 그리 많이 찾지 않는 듯합니다. 그래서 나무 아래에는 이름 모를 풀들이 무성하게 자라나 있습니다.

고금마을에는 누구 한 사람의 땅이 아니라 마을 공동의 땅인 밭이 조금 있다고 합니다. 약 2,600제곱미터 정도라고 합니다. 옛날 단위로는 800평쯤 되는 규모지요. 이 밭은 마을 사람들이 한해씩 돌아가면서 경작하는데, 이 밭을 맡게 되는 분들은 특별히 이 당산나무를 잘 관리해야 한답니다.

한 해 동안 마을 공동의 밭을 경작해서 수입을 얻는 집에서 그렇게 마을로부터 받은 혜택에 대한 책임을 마무리하는 일은 음력 정월 초사흘에 이루어집니다. 이 집에서는 마을 당산제에 필요한 모든 절차를 빈틈없이 준비해야 한답니다. 먼저 제사에 올릴 음식을 준비해야 합니다. 돼지머리는 물론이고 떡과 한과, 나물과 포 등을 정성껏 준비한답니다.

　옛날에는 당산제를 올리는 날, 마을 사람들에게 먹을 물을 주는 우물을 깨끗이 하고는 당산제가 끝날 때까지 이 집 사람 외에는 우물 근처에 오지 못하게 했답니다. 그러나 요즘은 우물을 사용하지 않아, 이런 건 생략한 채로 제사 음식을 준비해요. 그리고 이 집 어른이 제관을 맡게 됩니다. 제관은 당산제의 모든 절차를 이끌어가는 가장 중요한 분이지요. 제관은 당산제를 위해 바깥출입을 금지할 뿐 아니라, 목욕재계하면서 몸을 깨끗이 하여 제사를 준비합니다.

아직 설날의 잔치 분위기가 채 가시지 않은 정월 초사흗날 밤, 마을 사람들은 자연스레 뒷동산 큰 느티나무 아래에 모입니다. 제사 음식 준비와 제관의 몸단장이 끝나면 마을 사람들이 모두 한마음으로 당산제를 올립니다. 올 한 해 동안 마을에 나쁜 일이 생기지 말고, 농사는 풍년이 들도록 하늘을 향해 나무에게 소원을 비는 거죠.

고금마을에서는 당산제를 효과적으로 준비하기 위해 마을 공동 재산으로 밭까지 가지고 있잖아요. 마을 공동 재산을 바탕으로 이루어지는 당산제를 단순히 미신 행사라고 보면 안 됩니다. 그건 마을의 평화를 지키고, 더욱 더 나은 삶을 이뤄 나가기 위해 마을 사람들이 단합하자는 의미의 큰 잔치, 즉 마을축제라고 보아도 틀리지 않습니다. 그 아름다운 축제의 한가운데에 바로 느티나무가 자리하고 있습니다.

나쁜 귀신을
막아주는
신통한 나무

나무가 좋다! 영주 순흥면 영풍 태장리 느티나무

또 한 그루의 당산나무를 찾아
경상북도 영주로 갑시다.

영주는 근처의 안동·봉화와 함께 선비들의 고장으로 유명한 곳이에요. 유명한 소수서원이 있는 곳이지요. 소수서원 옆에는 여행자들을 위한 선비촌도 따로 마련되어 있어요. 또 영주에는 부석사라는 아름다운 절도 있어서 여행지로 참 좋은 곳입니다.

우리가 지금 찾아가는 당산나무는 소수서원을 향해 가는 좁다란 국도 변에서 찾아볼 수 있는 느티나무입니다. 만일 영주 쪽으로 여행하게 된다면 이 당산나무를 꼭 한번 자세히 보고 가면 좋을 겁니다. 나무가 워낙 커서 지나는 길에 자연스레 눈길을 빼앗길 거예요.

풍기읍에서 소수서원으로 가다 보면 소수서원에 5킬로미터쯤 못미처 길 왼쪽으로 작은 마을이 나오고 마을로 들어서는 갈림길이 나오는데, 길이 갈라지는 모퉁이에 이 나무가 있지요. 길 한쪽으로는 작은 개울이 졸졸 흐르고, 한쪽으로는 논이 펼쳐졌으며, 다른 한쪽으로는 집들이 옹기종기 모여 있는 전형적인 우리네 시골 풍경입니다.

이 나무는 나이가 600살쯤 됐어요. 사진에서 보는 것처럼 사방으로 고르게 가지를 펼친 모습이 참 멋진 나무입니다. 특히 줄기가 매우 굵은데, 둘레가 거의 9미터나 된답니다. 키는 18미터나 되고, 나뭇가지는 줄기에서 거의 14미터까지 펼쳤어요. 만일 이 나무를 공중에서 내려다보고 원으로 그린다면 지름이 25미터쯤 되는 큰 원을 그려야 한답니다. 얼마나 큰 나무인지 짐작되죠?

마을 입구이다 보니, 나무 근처에 사람들이 자주 나옵니다. 마을 바깥으로 나가기 위해 시내버스를 탈 때도 이 나무 앞에서 기다려야 하고, 먼 데 나갔다 돌아오는 사람도 이 나무 앞에서 버스를 내리게 됩니다. 밭에 나가 일하고 돌아오는 분들도 나무 그늘이 워낙 시원하니, 나무 근처에 경운기를 세워놓고 쉬기에도 안성맞춤이지요.

 나무 바로 옆에는 작은 집이 하나 있는데, 이 집에 사는 어른은 틈만 나면 나무뿌리 주변에 난 잡초를 뽑으면서 나무에 지극 정성을 다한답니다. 말없이 잡초만 뽑다가 낯선 나그네가 나무 곁에 다가서면, 함께 나무를 바라보며 마을 입구에서 마을로 들어오는 모든 나쁜 귀신들을 다 막아주는 아주 신통한 나무라고 자랑이 대단합니다.

 나무를 가만히 살펴보면 얼마나 오래 살아온 나무인지 금세 알아챌

수 있습니다. 특히 굵은 줄기의 몇몇 곳에 구멍이 났던 모양이에요. 그 구멍 난 부분을 수술한 자국이 뚜렷이 드러나거든요. 나무에 썩은 구멍이 생긴 건 20여 년쯤 전인데, 그때 수술한 자국이라고 합니다. 수술자국이 있긴 해도 다른 젊은 느티나무 못지않게 여전히 싱싱한 나무라고 말할 수 있습니다.

나무줄기 앞을 돌아보면 한쪽에는 반듯한 돌로 만든 제단이 놓여 있는데, 재미있는 것은 제단 옆으로 평상도 있습니다. 당산나무 대부분이 정자나무의 역할을 함께 한다고 했잖아요. 바로 그겁니다. 나무 앞의 돌 제단은 당산나무로서의 역할을 보여주고, 옆에 놓인 평상은 평상시에 마을 사람들이 편히 쉴 수 있는 쉼터로서의 역할을 하는 것을 보여주는 표시인 셈입니다.

이 나무에서는 해마다 정월 대보름에 당산제를 올립니다. 역시 마을의 평화와 풍년을 기원하는 마을 사람들의 마음을 담은 제사이죠. 오랫동안 당산제를 계속 지내왔는데, 최근 들어서는 당산제를 지내지 않고 그냥 넘어가는 때도 있다고 합니다. 그렇게 당산제를 지내지 않는다 하더라도 이 나무는 여전히 당산나무입니다.

마을 공동의 잔치인 당산제는 마을 사정에 따라 지내지 못하더라도 이 당산나무 곁을 지나는 사람들은 언제라도 사람보다 더 오래, 더 크게 자라나며 마을을 지켜주는 이 나무에 자신들의 소원을 빌거든요. 그렇게 듬직하게 작은 마을을 지켜주는 우리 당산나무, 바로 지금 우리가 앞으로 더 오래도록 우리 느티나무를 지켜내야 할 이유입니다.

전설 속에 살아있는 나무

자연은 사람이 아름답고 풍요롭게 살아가게 해 줍니다. 우리는 우리 곁의 자연에 어떻게 다가서야 할까요? 학교에서 배우는 과학 공부는 어떤가요? 교과서를 열면 봄에 꽃이 피는 나무를 소개하면서 개나리꽃은 색깔이 어떻고, 꽃잎은 몇 장이며, 열매는 어떻다는 식의 지식을 풍부하게 소개합니다. 시험을 잘 보려면 교과서를 몇 번이고 되풀이해서 들여다보면서 줄줄 외어야 합니다.

그런데 나무 이름을 외우고 생태적 특징을 줄줄이 외운다고 해서, 우리 주변의 나무나 자연에 대한 마음까지 달라질까요? 나무에 대해 아는 것과 나무를 사랑하는 마음을 갖는 것은 반드시 똑같지 않아요. 물론 많이 알수록 나무 사랑하는 마음을 갖기 쉽겠지만, 지식이 전부는 아니라는 거예요.

요즘처럼 과학 지식이 풍부한 세상에서는 그렇다 치더라도, 옛날에는 어땠을까요? 어떻게 해서 나무를 사랑하고, 자연과 더불어 살아갈 수 있는 지혜를 가질 수 있었을까요? 옛날 우리 조상은 그래서 사람살이에 꼭 필요한 지혜를 담은 재미있는 이야기를 지어냈어요. 그걸 우리는 신화나 전설, 또는 민담이라고 부릅니다.

그리스로마 신화를 예로 들어볼까요? 세상을 신들이 지배하던 옛날이야기예요. 어느 한 마을에는 땅의 여신이자 곡식의 여신인 데메테르 여신을 모시는 신전이 있었어요. 신전 앞에는 어마어마하게 큰 나무 한 그루가 있었어요. 신화에서는 이 나무가 참나무과에 속하는 나무라고 하면서, 그 크기가 마치 하나의 숲이라 할 만큼 크다고 했습니다. 엄청 큰 나무였던 모양입니다.

이 나무는 데메테르 여신을 모시는 요정들이 머무는 보금자리였어요. 사람들은 이 나무를 찾아와서 농사가 잘되게 해 달라고 데메테르 여신에게 기도를 올리기도 하고, 그런 일이 아니라 해도 나무 옆을 지

나갈 때에는 늘 경건한 마음으로 고개를 숙였답니다.

근처의 마을에는 힘이 세고 성격은 험악한 에뤼시크톤이라는 거인이 살고 있었어요. 에뤼시크톤은 자신처럼 힘센 장사도 본체만체하는 마을 사람들이 이 나무만큼은 유난히 섬기는 게 못마땅했어요.

결국 그는 이 큰 나무를 베어낼 생각을 했습니다. 그리고는 하인들에게 커다란 도끼를 들려서 나무 앞에 나갔습니다. 에뤼시크톤은 하인들에게 나무를 베라고 명령했어요. 하지만, 나무가 땅의 수호신인 데메테르 여신의 상징임을 잘 아는 하인들은 감히 도끼를 들지 못하고 망설였어요. 그러자 못된 에뤼시크톤은 하인들이 가진 도끼를 빼앗아 들고는 손수 나무줄기에 도끼질했어요. 이 광경을 보다 못 한 하인 중 한 사람이 뛰어나와 "데메테르 여신은 이 나무의 작은 잎사귀 하나에도 머무른다"며 도끼질을 그만 두라고 말렸습니다.

그러나 흥분을 감추지 못하고 도끼질을 하던 에뤼시크톤이 하인의 말을 들을 리 없었지요. 누구도 에뤼시크톤을 말릴 수 없었어요. 마침내 이 거대한 나무는 어마어마한 비명을 지르며 쓰러졌어요.

이 광경을 보고 에뤼시크톤은 만족스러워했지만, 마을 사람들 모두에게는 큰 걱정이 생겼지요. 그와 함께 당장 보금자리를 잃은 데메테르 여신의 요정들은 화가 머리끝까지 치밀어 올랐어요.

요정들은 곧바로 데메테르 여신을 찾아가 나무가 쓰러지기까지 있었던 일을 낱낱이 고하고는 에뤼시크톤에게 큰 벌을 내려달라고 했어요. 요정들의 이야기를 듣고 데메테르 여신도 화가 났습니다. 그리고 에뤼시크톤에게 무시무시한 벌을 내리기로 하지요. 그 벌은 바로 배고픔의 벌이었습니다. 이 배고픔은 먹어도 먹어도 줄어들지 않고 영원히 계속되는 배고픔이었어요.

에뤼시크톤은 이때부터 배가 고파졌어요. 잠을 자면서도 뭔가 맛난 음식을 먹는 꿈을 꾸면서 입맛을 다실 정도였지요. 잠에서 깨어나면 그는 미친 듯이 먹을 것을 찾았어요. 종류를 따질 게 아니었습니다. 그저 먹을 수만 있으면 따질 겨를이 없었지요. 무조건 먹어 치우는 거였어요. 밥상 앞에서도 그는 '배고프다'는 비명을 내지르고는 '먹을 것을 더 가져오라'고 하인들을 닦달했어요.

먹을 것을 마련하기 위해서 모든 재산을 다 털어내야 했지요. 차츰 재산은 거덜 나고, 하인들도 하나둘 그의 곁을 떠났지요. 마침내 더는 먹을 것을 살 수 있는 재산도 없고, 빈털터리가 된 그에게 먹을 것을 주는 사람도 없었어요.

딸이 하나 있었지만 배고픔을 견디지 못하게 된 그에게 딸은 그저 먹을 것과 바꿀 물건으로만 보였지요. 에뤼시크톤은 자신의 딸을 팔아서 먹을 것을 샀습니다. 하지만 배고픔은 끝나지 않았습니다. 이제 더 이상 먹을 것을 마련할 수 없게 되자, 이제 제 몸을 뜯어먹기 시작합니다. 먼저 두 손과 팔을 잘라 먹었어요. 다음에는 다리를, 또 그다음에는 엉덩이를, 몸통을 차례로 잘라 먹었어요. 마지막에는 얼굴과 입술까지 뜯어먹었답니다. 결국 데메테르 여신의 잔인한 형벌은 에뤼시크톤이 이만 남기고 사라진 뒤에야 그쳤답니다.

이야기가 참 길었습니다. 이 이야기를 오늘날의 과학이라는 잣대로 판단하면 하나도 믿을 만한 게 없을 겁니다. 그런데 이런 이야기가 오래전에 만들어져 지금까지 사람들의 입을 통해 전해오는 건 무슨 이유에서일까요? 그리스로마 신화 안에 담겨 전해오는 이 이야기를 재미있게 듣고 나면, 뭔가 우리가 살아가면서 오래도록 잊지 말아야 할 지혜가 담겨 있음을 알게 됩니다.

영원한 배고픔이라는 끔찍한 벌을 받아야 했던 에뤼시크톤의 못된 짓이 떠오르는 거죠. 모두가 좋아하고, 모두에게 필요한 큰 나무 한 그루를 베어낸 것 말예요. 이 이야기를 기억하는 사람들이라면, 큰 나무 곁을 지나갈 때마다 에뤼시크톤과 데메테르 여신을 떠올릴 거예요. 그리고는 나뭇가지를 꺾는다거나, 부러뜨리는 일은 못 하겠지요. 에뤼시크톤의 이야기를 지어낸 옛날 어른은 바로 이런 예상했을 겁니다.

마을 사람들을 모두 모아놓고, 이 나무는 느티나무인데 잎사귀는 길쭉하고 봄에 황록색 꽃을 피우고 열매는 어떻게 맺고……, 그러니 이 나무를 사랑하자고 이야기해 봐야 따분하기만 할 뿐입니다. 그래서 나무 소개는 대강 넘어가고, 나무를 베어낸 뒤에 받아야 했던 끔찍한 형벌을 이야기한 것 아닐까요.

우리나라에 살아 있는 오래된 나무들에도 비슷한 이야기들이 많아요. 나무를 더욱 더 아끼고 사랑해야 한다는 걸 강조하기 위해서 알게 모르게 만들어진 이야기이고, 그런 선조의 소중한 생각을 오래 보존하기 위해 입에서 입으로 오랜 세월을 거쳐 전해온 거랍니다.

앞에서 얘기했던 성흥산성 느티나무 전설도 그래요. 매우 소중한 나무라고만 이야기해서는 사람들의 마음에 남기 어렵겠지요. 그래서 유금필 장군께서 혼을 담아 우리 마을을 지켜주는 상징으로 삼기 위해 자신의 지팡이를 꽂았던 나무라고 누군가가 이야기하기 시작한 겁니다. 그 이야기는 다시 입에서 입으로 전해지면서 오늘날까지도 이 나무를 소중하게 지키려는 모든 사람에게 전해오는 것이지요.

할아버지를 구한 개를 기념하는 나무

나무가 좋다! 오수의 개 느티나무

우리 주변에도 나무와 관련된 재미있고 훈훈한 이야기들이 많이 있습니다.

그런 우리 나무 이야기들을 찾아가 봅시다. 전라북도의 도청이 있는 전주시와 판소리의 본고장으로 유명한 남원 사이에는 농악으로 유명한 임실군이 있습니다. 이 임실군의 오수면 오수리로 갑시다.

오수면 오수리라고 할 때, 두 번이나 반복되는 이름 '오수'부터 살펴봐야 이야기를 할 수 있겠네요. 개 오獒 자와 나무 수樹 자입니다. 나무 수樹 자는 가끔 볼 수 있지만 개 오獒 자는 보기도 어렵고, 어려운 글자입니다. 글자대로라면 오수 마을은 바로 개와 나무의 마을이라는 뜻이 되겠네요. 맞습니다. 이 마을에는 오래전부터 개와 나무에 얽힌 이야기가 전해오고 있습니다.

'오수의 개'라고 하면 벌써 잘 아는 분들이 있을 겁니다. 그런데 개 이야기는 잘 알아도 여기에 왜 나무가 들어가는지는 잘 모르는 분이 많더라고요. 그러니 이야기를 처음부터 다시 짚어볼까요.

이 이야기는 고려시대 때 활동하던 최자인이라는 선비가 남긴 책 『보한집』에 남아서 전해옵니다. 옛날에 이 마을에는 김개인이라는 성함을 가진 할아버지가 살았어요. 할아버지는 자신이 기르는 개를 무척 귀여워해서 밤이나 낮이나 항상 데리고 다녔답니다. 하루는 이웃 마을 잔치에 가려고 나서는데, 여느 날처럼 개도 따라나섰어요.

잔치가 끝나고 할아버지는 거나하게 술에 취해 돌아오는 중이었어요. 봄볕 따뜻하게 내리쬐는 길을 한참 걸어오다 보니 할아버지는 나른해져서 잠시 쉬고 싶었지요. 마침 나무 그늘까지 드리워져 낮잠 자기에 안성맞춤인 동산이 나왔어요. 할아버지는 잠시 쉬고 가겠다는 마음으로 나무 그늘에서 낮잠을 잤답니다. 할아버지를 따라오던 개도 그 자리에서 함께 쉬었지요.

　할아버지가 한참 곤하게 낮잠에 취해 있을 때였어요. 산들산들 불어오는 봄바람을 타고 들판에 불길이 일어났어요. 잔칫집에서 마신 술 때문인지 할아버지는 불길이 번져 와도 잠에서 깨어나지 못했어요. 차츰 할아버지가 누워 있는 자리 가까이 불길이 다가오자, 할아버지 곁에서 안절부절못하던 개는 가까운 개울가로 뛰어가 온몸의 털에 물을 잔뜩 적신 뒤 할아버지에게 달려와 물을 적셨어요. 불길을 헤치며 목숨을 걸고 개울가에서 할아버지에게로 수십 번 되풀이해 뛰어다녔어요. 한참을 그렇게 했더니, 할아버지가 주무시는 자리 근처에는 물이 흥건해서 번져오던 불길도 더는 파고들지 못하게 됐지요.

　김개인 할아버지는 개 덕분에 목숨을 건질 수 있었어요. 그런데 안타깝게도 주인을 살리기 위해 목숨을 걸고 불길을 헤치며 뛰어다니던 개는 기진맥진해서 쓰러진 뒤 다시 일어나지 못했어요.

　얼마 후 김개인 할아버지는 달콤했던 낮잠에서 깨어나서는 깜짝 놀랐어요. 주변의 풀숲은 죄다 시커멓게 불에 탔는데, 자기가 누워 있던 자리만은 물이 흥건히 고여서 불길이 파고들지 못한 걸 알게 됐지요. 그렇게 자신의 생명을 구한 게 다름 아닌 개였다는 걸 알게 되어 더 크게 놀랐습니다. 할아버지의 사랑을 받고 살던 개는 자기의 생명을 바쳐 주인의 목숨을 살린 겁니다.

　우리 교과서에는 대개 '의로운 개'라는 이름으로 여기까지만 나오지요. 그러면 이 마을 이름인 오수의 앞글자에 개 오獒 자가 붙은 이유는 알게 되지만, 뒷글자인 나무 수樹가 붙은 이유는 알 수 없어요. 이야기는 그래서 조금 더 이어집니다.

할아버지는 자신의 목숨을 구해준 개가 무척 갸륵했어요. 불길을 헤치며 뛰어다닌 충성스러운 개를 어떻게든 더 많은 사람에게 알리고 싶었습니다. 그래서 할아버지는 개를 양지바른 곳에 잘 묻어주고 무덤 앞에 평소에 자신이 짚고 다니던 지팡이를 꽂았어요. 세월이 지나면서 개의 무덤 앞에 꽂혀 있던 할아버지의 지팡이에서 싹이 나면서 무럭무럭 자랐어요. 마을 사람들은 그 나무가 개의 혼이 담겨 있는 나무라 생각하고 '개나무' 라 불렀고, 이 훌륭한 개 이야기는 널리 알려졌지요. 그때부터 이 마을을 아예 '개나무 마을' 이라 부르기로 했고, 한자를 많이 쓰던 그때는 '개나무 마을' 이라는 우리 이름과 함께 한자로 '오수獒樹 마을' 이라 부르게 된 겁니다.

할아버지의 지팡이에서 싹이 나서 크게 자란 나무가 바로 느티나무입니다. 이 느티나무는 지금도 이 마을에 마련된 의견공원 한쪽에서 옛날 그 충성스러운 개의 상징으로 잘 자라고 있답니다.

지는 해를
붙들어 맨
천년수

나무가 좋다! 두륜산 만일암 느티나무

한반도의 남쪽 끝,
땅끝마을이 있는 전라남도 해남군으로 갑니다.

해남에는 유명한 관광지가 여럿 있는데, 그 가운데 대둔사라고도 부르는 대흥사는 빼놓을 수 없는 우리나라의 대표 절입니다. 우리가 지금 만날 느티나무는 이 대흥사를 거쳐 가야 합니다.

대흥사에서부터는 조금 힘들 수도 있는 가파른 산길을 올라야 하니 서두르지 말고 대흥사부터 찬찬히 구경하면서 숨을 고르는 게 좋습니다. 대흥사는 임진왜란 때 승병을 일으켜 큰 공을 세운 것으로 유명한 서산대사가 머무르던 곳이어서 그분과 관련한 유적이 많으니 천천히 돌아보세요.

대흥사를 다 둘러보았다면 신발끈을 고쳐 매고 서서히 산을 오릅니다. 길이 가파르니 서두르지 말고 천천히 올라가요. 이 산길을 조금 오르다 보면 먼저 일지암이라는 작은 암자가 나옵니다. 이 일지암도 그냥 스치지 말고 잘 둘러보세요. 일지암은 우리나라에 차를 제대로 마시는 법을 비롯해 차 문화를 널리 알린 것으로 유명한 스님인 초의선사께서 머무르던 암자예요.

다시 산을 오르면 여기부터는 길도 좁아지고 숲도 깊어집니다. 오르는 길에 주변의 나무들이나 풀들을 관찰하면서 가면 더 흥미로울 겁니다. 여전히 길이 가팔라서 숨은 점점 더 가빠질 겁니다. 그래도 아주 멋진 나무가 우릴 기다리니 잘 참고 올라가세요.

일지암에서부터 대략 40분 남짓 오르면 '만일암터' 라는 조그마한 간판이 나옵니다. 두륜산 정상에서 500미터쯤 떨어진 곳으로 거의 정상과 가까운 곳입니다. 이제 다 온 겁니다. '만일암터' 라고 부르는 것은 옛날에 이 자리에 '만일암' 이라는 암자가 있었는데, 건물이 모두 사라져서

'만일암이 있던 자리'라는 뜻입니다. 이 만일암터에 남아 있는 옛 암자의 흔적으로는 고려 때 지은 것으로 보이는 오층석탑이 하나 있어요.

만일암터 바로 아래쪽으로 난 대나무 숲길을 20미터쯤 내려가면 우리가 힘들여 찾아온 멋진 느티나무를 만날 수 있습니다. 꽤 높은 산의 정상 가까이에서 이리 큰 느티나무를 만날 수 있다는 사실 자체가 감동적입니다. 가파른 산길을 헤치고 올라오느라 애썼던 피로를 한순간에 씻은 듯 날려보내기에 충분할 만큼 훌륭한 나무입니다.

이 느티나무는 '천년수'라고 부릅니다. 천 년을 넘게 산 나무라는 뜻이지요. 키 22미터에 가슴높이 줄기둘레가 10미터나 되는 무척 큰 나무입니다. 나무가 서 있는 자리와 만일암터를 함께 생각해 보면, 옛날에 만일암의 스님들이 법당 앞마당에 심어 키우던 나무였음을 금세 짐작할 수 있습니다.

이 느티나무 천년수에 재미있는 전설이 전합니다. 천 년도 더 된 오래 전의 이야기지요. 그때 하늘에 천녀라는 처녀와 천동이라는 청년이 살고 있었어요. 그 둘이 하늘에서 큰 죄를 짓고 땅으로 쫓겨났는데, 쫓겨 내려온 땅이 바로 이 두륜산 정상이었어요. 이 처녀 총각이 잘못을 빌고 다시 하늘로 올라가려 했는데, 그러려면 두륜산의 바위에 부처님 상을 조각해야 했어요. 그것도 단 하루 만에 완성해야 한다는 어려운 조건이 붙어 있었지요.

그러나 천녀와 천동은 포기하지 않고 꾀를 냈어요. 그들이 낸 꾀는 하루를 길게 늘이기 위해서 해님이 두륜산 정상에 올라왔을 때 더 넘어가지 못하도록 해님을 붙들어 매어놓자는 것이었어요. 그리고는 어디에 해님을 붙들어 매어놓을까 주위를 살펴보다가 눈에 들어온 게 바로 느티나무 한 그루였습니다.

🌳 실제로 천녀와 천동의 전설이 아니라 해도 산꼭대기에 서 있는 천년수 느티나무를 보면 해를 매달아 놓기 알맞춤한 나무라고 생각할 수 있습니다. 나무가 워낙 크니, 산을 넘던 해가 나뭇가지에 걸려 넘어가지 못할 것만 같기 때문이지요.

천녀와 천동은 해님이 산 위에 올라오기를 기다렸다가 마침내 느티나무 근처에 해님이 다가오자 서둘러 해님을 나뭇가지에 매달았어요. 그리고는 부지런히 부처님 상을 조각했지요. 천녀는 두륜산 북쪽의 큰 바위를 쪼아냈고, 천동은 남쪽 바위에 불상을 조각하기 시작했어요. 천녀는 앉은 모습의 미륵부처님을, 천동은 서 있는 부처님을 조각했어요.

앉은 모습의 부처님이 서 있는 부처님보다 크기가 작아서인지, 천녀가 천동보다 먼저 부처님 조각을 완성했어요. 천녀는 조각을 끝내고 느티나무 앞에 와서 천동을 기다렸습니다.

그러나 천동은 감감무소식이었어요. 그런데 느티나무에 매달린 해님은 자꾸만 서산으로 넘어가려고 느티나무 가지를 흔들어댔지요. 천녀는 어서 빨리 하늘로 돌아가고 싶었는데, 기다리는 천동은 돌아오지 않았어요. 시간이 더 흐르자 해님은 나뭇가지를 꺾으며 서산으로 넘어가려고 간당거리고, 천녀의 마음은 초조해졌지요. 마침내 천녀는 더 이상 천동을 기다리지 못하고 해님을 매달았던 밧줄을 끊고 말았어요.

곧 해님은 서산으로 넘어가고 날은 어두워졌습니다. 하루 만에 부처

님 상을 완성한 천녀는 어두워지기 전에 하늘로 다시 올라갈 수 있었어요. 그러나 조각을 완성하지 못한 천동은 서서히 어두워지는 하늘만 바라보며 끝내 하늘로 올라가지 못하고 말았답니다. 그 뒤 천동은 두륜산의 산신령이 됐다고 합니다.

  실제로 두륜산 기슭에는 북미륵암과 남미륵암이라는 암자가 있는데, 북미륵암의 미륵불은 앉은 자세의 부처님이 완성된 모습으로 남아 있고, 천동이 짓던 남미륵암의 부처님은 완성되지 않은 상태로 남아 있습니다.

이 천년수가 있는 자리의 암자를 만일암이라고 했지요. 여기서 만일암은 잡아당긴다는 뜻의 한자 '만挽'과 해를 뜻하는 '일日'을 합쳐서 만든 이름입니다. 바로 천녀와 천동이 부처님 상을 조각하기 위해 해가 넘어가지 못하도록 잡아당겨 두었던 나무가 있는 암자라는 뜻인 겁니다.

느티나무와 우리 역사

3부

기쁠 때나 슬플 때나 더불어 살아가는 나무

나무는 스스로 자리를 옮길 수 없어서 어디에서 태어났느냐에 따라 평생 살아가는 방법이 다릅니다. 자리에 따라 생김새까지 달라지지요. 이를테면, 넓은 들판에 홀로 태어났다면 옆으로 활짝 가지를 펼치며 자랄 것이고, 비좁은 숲길에서 다른 나무들이 빽빽이 들어찬 틈에서 태어났다면 그 나무는 가지를 옆으로 펼치지 못하고 비죽이 위로만 자랍니다.

흔히 사람 사는 마을 한가운데 자리 잡고 자라는 느티나무도 마찬가지예요. 생김새만 다른 게 아니지요. 나무는 자신이 서 있는 자리에서 오가는 사람들을 다 바라보고 있잖아요. 그러니까, 나무가 바라보는 일들도 어디에 서 있느냐에 따라서 다르다는 겁니다.

예를 들어볼게요. 어떤 나무는 아주 평화로운 마을 한가운데서 넓은 그늘을 드리우며 살아간다고 합시다. 이 나무가 바라보는 사람살이는 얼마나 재미있고 즐겁겠어요. 그런 나무들은 마을 분위기 때문인지, 언제 보아도 평화롭고 예쁘게 마련이랍니다. 반대로 어떤 나무는 감옥 바로 앞에 자리 잡고 있어요. 이 나무는 만날 죄를 짓고 감옥에 들어오는 불행한 사람들만 바라보게 되잖아요. 아무리 말 못하는 나무라 하지만,

괴롭지 않을까요?

심지어 감옥 앞에 있는 나무에 줄을 걸고 사람들을 매달아 고문하고 죽이는 일이 있었다면 어떨까요? 그 나무가 온전히 살겠어요? 아무리 말도 못하고 감정 표현도 하지 못하는 나무라지만 결코 편하게 자랄 수 없을 겁니다. 실제로 충청남도 서산의 해미읍성 안에 있는 옛 감옥 자리 앞에 나무 한 그루가 있어요. 그 나무가 바로 조선시대 천주교 신자들을 탄압한 병인박해 때, 신도들을 매달고 고문하여 죽이기까지 한 나무랍니다. 그런 처참한 일을 겪은 나무여서인지 생김새까지 처참해 보인답니다.

좀 다른 예를 들어보지요. 초등학교에서 자주 하는 실험 가운데 하나입니다. 똑같은 양파 두 개를 키우면서 똑같은 환경에 두어요. 그런데 양파 하나엔 모든 아이가 '너 참 밉다' '못나게 생겼다'고 미워하기만 하고, 다른 하나엔 진심을 다해서 '너를 정말로 사랑한다'고 계속 사랑의 마음을 전해주는 거죠. 한 달쯤 지난 후, 두 양파는 어떻게 될까요? 놀랍게도 아이들의 사랑을 받고 자란 양파는 무럭무럭 잘 자라지만, 미움을 받은 양파는 시들거나 심지어 아예 죽어 버리기까지 한답니다.

그러니까 말 못하는 식물들도 실은 사람들의 감정을 알아채고 있으며, 사랑을 받고 산다는 겁니다. 농부들이 '벼 이삭은 사람의 발소리를 듣고 자란다'고 하는 것도 다 그런 뜻일 겁니다.

나무도 마찬가지예요. 좋은 일과 기쁜 일만 보고 자라는 나무와 나쁜 일과 슬픈 일만 보고 자란 나무는 생김새뿐 아니라, 건강에도 차이를 보일 수밖에 없습니다. 우리 주변에서 자라는 나무들에 대해 좀 더 아끼는 마음을 갖고 더 큰 사랑을 나눠주어야 할 이유가 바로 여기에 있어요.

자, 우리 이제 눈을 크게 뜨고 우리 주변을 살펴볼까요? 아마 주변에 나무 없는 곳은 없을 겁니다. 아무리 삭막한 도시라도 그렇지요. 늘 삭막해 보이기만 하는 아파트 단지도 가만히 둘러보면 많은 나무가 있는 걸 알 수 있어요? 아파트나 큰 빌딩을 지을 때에는 반드시 일정한 넓이에 일정한 숫자의 나무를 심어야 하거든요. 그렇지 않으면 건축 허가를 내주지 않게 법으로 정해져 있기 때문입니다.

다시 한 번 살펴보세요. 얼마나 많은 나무가 있습니까? 그런데 우리는 과연 이 나무들에 얼마나 관심이 있었던가요? 양파 실험에서 봤듯이 우리 곁에서 자라는 저 나무들을 우리가 사랑해 주지 않는다면 어떻게 되겠어요?

이제는 우리가 나무 곁으로 다가서야 합니다. 나무 그늘에 들어선 후에 가만히 서서 크게 숨 한번 내쉬고, 다시 크게 들이마셔 보세요. 그리고는 느껴보기 바랍니다. 내가 지금 내뿜은 날숨에 들어 있는 이산화탄소는 나무가 살아가는 데에 꼭 필요한 들숨이 되고, 나무의 몸을 한 바퀴 돌아 나무가 내뱉는 날숨에 들어 있는 산소는 바로 우리가 살아가는 데에 꼭 필요한 들숨이 되는 걸 느껴보세요.

어때요? 이제 우리가 나무와 함께 살아왔고, 앞으로도 계속 나무와 함께 살아가야 한다는 걸 조금이라도 느낄 수 있었나요? 나무에 대한 사랑, 그 시작은 우리가 나무와 더불어 살아간다는 걸 아는 데에서 시작합니다.

삶과 죽음의 경계를
지켜본
느티나무

나무가 좋다! 익산 여산동헌 느티나무

> 자리를 잘못 잡은 탓에
> 고문과 살인의 처참한 빛깔을 담고
> 서 있는 느티나무가 있어요.

앞에서 충남 서산의 해미읍성에 있는 나무 이야기도 했지만, 그 나무처럼 고문과 처형의 현장이었던 자리에 서 있는 느티나무예요.

전라북도 익산시 여산면 여산리에 가면 여산동헌이라는 옛 건물이 남아 있는데, 동헌 마당 가장자리에 느티나무가 있습니다. 동헌이 어떤 건물인지는 알지요? 동헌은 마을을 다스리는 관리가 머무르면서 일을 하던 건물을 말합니다. 요즘으로 치면, 작게는 면사무소나 동사무소, 조금 크게는 군청 등을 가리킵니다.

여산동헌을 찾아가면 바로 앞에 여산면사무소가 있어요. 옛 동헌이 하던 일을 이어받은 면사무소를 그 자리에 지은 것으로 보면 됩니다. 여산동헌은 조선시대 후기에 지은 건물인데, 옛 모습에 가깝게 보존된 상태여서 중요한 문화재인 전라북도 유형문화재 제93호로 지정해서 보호하고 있어요. 여산면사무소 뒤쪽, 여산동헌 맞은편에는 제법 규모가 큰 여산초등학교도 있지요.

여산동헌은 널찍한 터에 동그마니 서 있는데, 지금은 사람이 살거나 일하지 않는 빈 건물이어서 조금 썰렁한 느낌이 듭니다. 얼마 전까지는 이 건물을 마을 노인들의 쉼터인 경로당으로 쓰기도 했고, 그전에는 우체국 건물로 쓰이면서 옛날 모습이 약간 훼손되었지만, 그래도 잘 보존한 편에 속합니다. 찾아오는 사람이 많지 않아 동헌 안쪽은 가끔 맞은편 초등학교 운동장에서 들려오는 아이들 소리를 빼면 매우 고요한 상태이지요.

지금은 더없이 평화로워 보이지만, 140년 전에 여산동헌은 천주교를 믿던 신자들을 무자비하게 처형하던 무시무시한 곳이었어요. 조선시대 말기에 전국의 천주교 신자들을 탄압한 병인박해라는 사건이 있었지요. 불과 몇 달 사이에 8000명의 신자들을 찾아내 죽였다고 하니, 참 기가 막힐 일이었던 겁니다.

그때 여산면에서도 천주교 신자들을 찾아내 고문하고 탄압했어요. 당연히 그 일은 마을을 다스리던 동헌에서 맡아 했지요. 동헌 마당 아래 쪽에 천주교 신자들을 잡아들인 뒤 고문을 했지요. 고문 방법도 아주 무서웠답니다. '백지사'라는 고문이었는데, 그 고문은 신자들의 손과 발을 꽁꽁 묶어 땅바닥에 뉘어놓고 얼굴에 물을 잔뜩 뿌리고는 그 위에 하얀 백지를 덮는 참으로 잔인한 고문이었어요. 어떻게 되겠어요? 코와 입이 꽉 막혀 도저히 숨을 쉴 수 없는 상태가 되고 마는 거죠. 여산면에서는 그런 잔인한 방법으로 많은 사람을 죽였다고 합니다. 천주교에서는 많은 신자가 억울하게 죽어간 이 자리를 '백지사터'라는 순교 성지로 지정해서 신자들의 죽음을 기억하고 있답니다.

바로 이 백지사터와 여산동헌 사이에 커다란 느티나무 한 그루가 서 있어요. 동헌 앞에서 잘 지내던 나무였지만, 난데없이 사람들이 참혹하게 죽어가는 모습을 바라봐야 했으니 얼마나 끔찍했겠어요. 동헌과 백지사터는 어른 키를 훌쩍 넘을 만큼 땅바닥의 높이에서 차이가 있어요. 백지사터가 동헌 마당 아래쪽에 있는데, 느티나무는 동헌 마당의 백지사터 쪽 가장자리에 있기 때문에 보고 싶지 않아도 그 참혹한 모습들을 생생히 봐야만 했죠.

여산동헌 느티나무는 나이가 600살이 좀 지난 나무이니 그때까지만 해도 400여 년을 평화롭게 살아왔는데, 하루 아침에 그토록 잔혹한 모습을 보게 된 겁니다. 나무가 직접 말을 하지 않아 모르겠지만, 어쩌면 나무는 자신이 본 참혹한 현장의 모습을 어떻게든 많은 사람에게 알리고, 다시는 이 땅에서 이처럼 무시무시한 일이 벌어지지 않기를 바랐을 겁니다.

숱하게 많은 생명이 안타깝게 죽어가며 소리치던 아우성을 오래 간직하려 마음먹은 탓인지, 이 느티나무는 건강하게 잘 살아 있습니다. 그리고는 나무를 찾아오는 누구에게라도 옛 기억을 떠올리게 하려고 간절하게 손짓하는 듯한 표정으로 서 있습니다.

키가 22미터나 되는 큰 나무이니, 아래쪽 백지사터에서 고문받으며 숨져간 불쌍한 영혼들도 죽음을 맞이하는 순간에 이 나무를 바라보았을 겁니다. 그들도 어쩌면 나무에게 자신의 억울함을 눈빛으로 하소연했을지 모르지요. 그런 아픔의 추억을 느티나무가 고스란히 간직하고 있는 겁니다. 그래서인지, 나무는 이곳을 찾는 모든 사람에게 천천히 옛일을 기억해 보라고 이야기를 건네는 듯합니다.

나무는 한편으로는 동헌 마루에 걸터앉아 마을을 다스리는 당시 최고 권력자들의 여유와 풍요로움을 바라보았고, 다른 한편으로는 말 한마디 못하고 숨도 못 쉬며 죽어간 사람들의 서글픈 눈빛을 바라보았을 겁니다. 아무 말도 못 하고 그냥 바라보기만 했겠지요. 나무가 제 몸 안에 담아낸 숱한 사람들의 비명과 한을 끄집어내 다시는 이 땅에서 그런 비극의 역사를 되풀이하지 않게 해야 하는 건 느티나무를 찾아가는 우리에게 주어진 책임이자 의무입니다.

백성을 어질게 다스리는 표본 나무

어느 지방을 가든, 그 지방을 빛낸 훌륭한 인물이 있게 마련입니다. 요즘 같으면 그런 인물을 오래 기억하기 위해 기념관을 짓고 그가 남긴 물건을 보관해 전시하기도 합니다. 지금처럼 기념관을 짓는 게 여의치 않았던 옛날에는 나무를 심고 그의 이름을 붙이기도 했어요. 그래서 고을마다 사람 이름이 붙어 있는 나무들이 여럿 있답니다.

살아 있을 때에 훌륭한 업적을 남긴 분이 손수 심고 가꾸던 나무가 있다면 그건 당연히 오래 보존해야 할 좋은 나무로 기억합니다. 우리나라에는 그런 나무들이 여러 그루 있어요.

특히 우리나라에는 위인들이 짚고 다니던 지팡이를 땅에 꽂았더니 그게 오래 살면서 아주 큰 나무가 됐다는 전설이 참 많습니다. 전라북도 임실의 오수면에도 그런 느티나무가 있었지요. 개의 충직한 넋을 기리기 위해 주인이었던 할아버지가 꽂아둔 지팡이가 자란 느티나무 말입니다.

그 느티나무처럼 지팡이가 자란 나무들은 정말 헤아릴 수 없이 많습니다. 생전에 남긴 업적이 훌륭하면 할수록 더 많지요. 예를 들면 우리나라의 절 가운데에는 의상대사나 원효대사가 지었다는 절이 무척 많은데, 그 절의 숫자만큼 의상대사와 원효대사의 지팡이에서 자라난 큰 나무도 많지요. 정말 믿기 어려울 만큼 많아요.

서울 신림동에는 고려시대 강감찬 장군이 꽂아놓은 지팡이가 자랐다는 1000살 넘은 굴참나무가 있는가 하면, 전라남도 순천에는 신라 때 보조국사와 담당국사가 제가끔 꽂아둔 지팡이가 자라난 한 쌍의 멋진 향나무도 있지요. 또 경상남도 합천 해인사와 하동 범왕리에는 신라 때의 대학자 최치원이 꽂아둔 지팡이 나무도 있습니다. 일일이 다 끄집어내려면 한이 없을 겁니다. 그 나무들의 공통점은 모두가 훌륭한 업적을 남기신 분들의 지팡이라는 겁니다.

한 지방의 우두머리가 마을 사람들을 위해 심은 나무도 지팡이 나무만큼 많습니다. 그건 어쩌면 당연한 건지도 모릅니다. 지금도 군수나 시장이 새로 취임하면 취임 기념으로 군청이나 시청 앞에 나무를 심는 일이 그리 특별한 게 아니거든요. 하지만 그런 나무들이 모두 기억되는 건 아닙니다.

사람 이름을 가진 나무가 기억되느냐 아니냐는 무엇보다 그 사람이 얼마나 훌륭한 인물이었고, 또 백성을 위해 얼마나 좋은 일을 많이 했느냐에 따라 결정됩니다. 사람들은 나무에 사람 이름을 붙여서라도 그 인물을 오래 기억하고, 그만큼 훌륭한 인물이 다시 나타나기를 기대하는 것이랍니다.

생각해 보세요. 사람은 아무리 오래 살아봐야 100년 정도밖에 못 살잖아요. 그런데 그 사람이 살아 있는 동안 백성에게 베풀었던 업적만큼은 백 년은 물론이고 천 년 넘게라도 기억하고 싶으니까요. 그러기 위해서 백 년 천 년 살 수 있는 나무에게 훌륭한 사람의 이름을 붙이는 겁니다. 그 나무 곁을 지날 때마다 그 사람이 한 일을 떠올리고, 또 다른 지방에서 찾아오는 나그네가 있으면 나무와 함께 그의 업적을 자랑하는 거지요.

사람보다 오래 사는 나무는 그렇게 마을 한가운데에 남아서, 사람들이 살아온 역사를 증거해 주는 대상물이 되었습니다. 우리가 지금 나무를 찾아보는 건 단순히 식물 공부를 하기 위해서만은 아닙니다. 나무 안에 새겨진, 혹은 마을 사람들의 입을 통해 전해 내려오는 우리 조상의 훌륭한 역사를 하나하나 배우고, 또 그분들의 훌륭한 업적을 따르기 위해 더 애쓰자는 뜻입니다.

한 시대의 위인을
기념하는 나무

나무가 좋다! 함양 학사루 느티나무

경상남도 함양군 함양읍 운림리에는
학사루 學士樓 라는 옛 건물이 있습니다. 지금은 이 건물을 잘 보전하기 위해 위치를 약간 옮겼고, 원래 위치에는 함양 초등학교가 들어섰습니다. 그 초등학교 한 편에 커다란 느티나무가 있습니다.

500살이 좀 넘은 나무인데, 키가 22미터를 넘어서 학교 건물보다 훨씬 높게 자랐습니다. 가슴높이 줄기둘레도 7미터를 넘어요. 이 학교 어린이들은 그냥 느티나무인 줄 알지만, 이 마을에서 오래 살아온 마을 노인들은 이 나무를 '김종직 나무'라고 부릅니다.

이 나무는 '함양 학사루 느티나무'라는 이름으로 천연기념물 제407호로 지정한 나무입니다. 우리나라의 옛 건물 중에 루樓나 정亭이라는 이름이 붙은 게 많은데, 그건 모두 사람들이 편히 쉴 수 있는 쉼터 건물이라고 보면 됩니다. 학사루는 신라시대 때 이곳 함양을 찾아오는 손님들이 쉴 수 있게 지은 건물이라고 합니다.

이 느티나무는 바로 학사루 앞에 서 있던 나무이지요. 나무를 심은 사람이 바로 조선시대의 선비 김종직 선생이었기에 사람들이 '김종직 나무'라고 기억하는 겁니다.

김종직 선생은 함양에서 가까운 밀양에서 태어났어요. 선생이 함양과 인연을 맺은 것은 마흔 살 되던 1470년이었어요. 그때 선생은 한양에서 중요한 벼슬을 맡고 있었는데, 연세가 높은 늙은 어머니를 손수 모시기 위해 벼슬을 마다하고 이곳 함양으로 오게 된 겁니다. 효도하기 위해 높은 벼슬을 버리고 지방 관리를 택했다는 것부터 마을 사람들에게는 훌륭하게 보이지 않을 수 없었겠지요.

함양 땅에서 선생은 지금의 군수와 같은 현감 벼슬을 맡았어요. 이 고을 백성을 다스리는 책임을 맡은 거죠. 현감이 된 김종직 선생은 자신이 그랬던 것처럼 마을 사람 모두가 부모님께 효도하고, 어른을 공경하는 마음을 갖도록 애썼습니다. 선생이 다스리게 된 뒤로 마을은 활기를 띠었을 뿐 아니라, 당시로서 가장 중요한 사회 질서였던 충효의 예를 바로잡았지요.

게다가 선생은 지역의 청년 선비를 길러내는 데도 열심이었어요. 조선 후기에 활동한 대표적인 선비들인 김굉필, 정여창, 김일손 같은 분들이 모두 김종직 선생의 가르침을 받고 훌륭한 학자로 성공한 겁니다. 이쯤 되니, 함양 지역으로서는 김종직 선생을 존경하지 않을 수 없었던 겁니다.

특히 백성을 보살피는 일에도 남달리 따뜻한 마음을 가졌던 김종직 선생은 백성과 가까이 지내면서 살림살이를 조금이라도 더 좋게 하려고 애썼어요. 그러던 중에 선생은 이 마을을 찾아오는 손님들이 쉬는 곳인 학사루를 지날 일이 있었습니다. 물론 학사루는 근사한 쉼터였지만, 선생은 이곳을 더 아름답게 하자는 생각으로 나무 한 그루를 심었어요.

선생이 그때 고른 나무가 느티나무였습니다. 쉼터에 잘 어울리는 우리나라 최고의 정자나무이지요. 선생은 느티나무를 학사루 앞에 심어서 주변 풍광도 아름답게 하고, 이곳에서 쉬는 사람들을 더 편안하게 하자는 생각이었습니다. 느티나무는 선생의 생각대로 수백 년을 싱그럽게 살며 편안한 그늘을 만들어 주었고, 함양 땅에 사는 사람들은 이 나무를 볼 때마다 백성의 평안을 생각했던 김종직이라는 인물을 떠올리며 '김종직 나무'라 부르는 겁니다.

쉼터 건물인 학사루가 자리를 옮겨가는 바람에 느티나무는 초등학교 한쪽에 홀로 남았습니다. 이제는 쉼터라기보다 김종직이라는 한 시대의 위인을 기억하는 역할을 하면서 싱그럽게 살아 있습니다. 누구보다 더 열심히 우리 역사를 배우고, 위인들의 훌륭한 삶을 배워야 할 우리 어린이들의 배움터에 서 있다는 것만으로도 이 나무는 여전히 훌륭한 역할을 하는 겁니다.

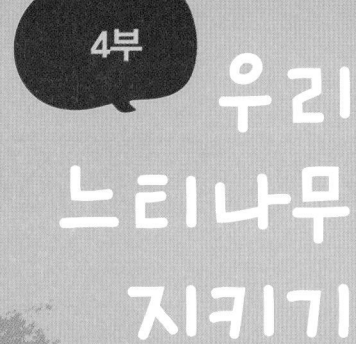

4부 우리 느티나무 지키기

우리 주위의 나무들을 바라보아요!

지금까지 우리는 역사 속에서 살아 있는 느티나무들을 많이 찾아보았습니다. 이제 우리 주변의 나무를 살펴볼 차례입니다. 어린이라면 어릴 적 추억을 이야기할 수 없겠지만, 여러분의 어머니나 아버지들은 어떤 추억이 있을까요? 참 궁금하네요.

어린 시절을 보낸 마을이 제가끔 다른 만큼, 떠올리는 추억 역시 매우 다양하겠지요. 그런데 고향인 시골 마을을 떠나 도시에 사는 사람들은 어린 시절을 돌아볼 때, 거의 비슷하게 떠올리는 게 있습니다. 바로 고향 마을의 큰 나무입니다. 실제로 어른들에게 어린 시절을 돌아보며 떠오르는 풍경을 그리라고 하면 빠짐없이 나무가 나타납니다.

커다란 건물이 따로 없는 시골에서는 나무만큼 큰 걸 찾아보기 어렵기 때문일지도 모르지요. 하지만 꼭 그런 것만은 아닐 듯도 해요. 어릴 때 나무 그늘에서 더위를 피해 바람을 쐬고 낮잠을 자면서 놀 때는 그 나무가 오랫동안 마음속 깊이 남으리라 생각하지 않았을 겁니다. 그런데 이상하게도 아름다운 고향 마을을 떠난 뒤라면 가장 먼저 떠오르는 게 나무거든요.

나는 도시에서 자랐지만 어린 시절을 돌아보면 역시 나무 한 그루가 떠올라요. 바로 내가 다닌 초등학교의 커다란 나무입니다. 그건 느티나무는 아니었어요.

나무 이야기를 하기 전에 초등학교 때의 소풍 이야기부터 해야겠네요. 지금은 '소풍'이라는 말보다는 '체험 학습'이라고 하지요. 하기야 그때와 달라진 말이 한둘이 아니긴 합니다. 심지어 그때는 초등학교라 하지 않고, 국민학교라고 했으니까요. 그게 벌써 40년쯤 전 이야기이니, 옛날이야기라 해도 되겠네요.

그때는 소풍을 한 해에 두 번씩 갔어요. 봄에 한 번, 가을에 한 번씩이었지요. 그런데, 이상하게도 우리 학교가 소풍 가는 날만 되면 꼭 비가 왔어요. 초등학교 6년 동안 모두 열두 번을 갔는데, 그 가운데 비를 맞

지 않고 가 본 기억이 없을 정도로 신기하게 소풍 날마다 비가 왔어요. 하기야 그때는 기상청의 일기예보도 제대로 되지 않을 때이니, 선생님들께서도 화창한 날로 소풍날을 잡는 게 어려웠을 겁니다.

그렇게 비를 맞으며 소풍을 다녀오면, 마을 어른들께서 꼭 해주는 이야기가 있었지요. 우리 학교에서 제일 큰 건물 양쪽에 나무가 한 그루씩 서 있는데, 그 나무에는 천 년 묵은 이무기가 살고 있다는 겁니다. 이무기는 곧 용이 되기 위해 여러 가지 노력을 하는 동물입니다. 그 이무기가 우리 학교의 나무 안에 살고 있다는 거예요.

오래전에 그 이무기가 다른 이무기들처럼 용이 되기 위해서 백일기도를 했답니다. 이런 전설에서는 대개 꼭 백일에서 하루 모자라는 날, 사건이 터지죠? 예. 맞아요. 우리 학교에서도 아흔아홉째 날 사건이 터졌습니다. 나무에 벌레가 많다며 학교 관리인 아저씨가 나무를 베어내려고 밑둥치에 톱을 갖다 댄 겁니다. 아저씨가 슬근슬근 톱질을 시작하며 그 나무 안에서 고요하게 기도를 올리던 이무기를 방해했지요.

아저씨는 아무것도 모르고 계속 톱질을 하는 바람에 이무기는 결국 하루 모자라는 백 일 동안 공을 들인 기도를 망치게 됐어요. 하루 남은 기도를 마무리하지 못한 이무기는 다시 어쩔 수 없이 그 나무줄기 안에서 천 년을 더 살아야 했습니다. 한을 품게 된 이무기는 그 뒤로 나무 안에 웅크리고 틀어 앉아서 어떻게든 복수를 하고 싶었어요. 이무기가 찾아낸 복수가 바로 아이들이 즐겁게 놀아야 하는 소풍 날, 비를 내리는 것이었다는 이야기입니다.

비를 맞으며 소풍 가는 일도 한두 번이 문제지 여러 번 되풀이되니까 그것도 재미있었어요. 나중에는 소풍 때는 당연히 비가 오겠지 싶어서 아예 우비라든가 장화를 따로 준비하기까지 했어요. 또 물구덩이에서 물을 첨벙거리며 놀았던 것도 좋은 추억이 됐답니다.

그런데 다른 문제가 생겼어요. 마을 어른들에게 이무기 이야기를 듣고 난 뒤로는 그 나무가 무척이나 무섭더군요. 나무 안에 천 년 묵은 이무기가 살면서 우리에게 해코지를 하려고 호시탐탐 기회만 엿보고 있다고 생각하니, 그 곁을 지나는 것도 무시무시했던 거죠. 할 수 없이 교실을 오갈 때에는 조금 멀어도 나무를 피해서 돌아갔어요.

문제는 당번을 맡았을 때입니다. 얄궂게도 나무 바로 아래에 수돗가가 있었어요. 그때는 정수기라는 것이 따로 없고, 아침마다 당번이 수돗가에서 큰 주전자에 물을 받아와 친구들이 그 물을 마실 수 있게 했거든요. 당번이 되면 어쩔 수 없이 주전자를 들고 나무 아래 있는 수돗가에 가야 했는데, 그게 참 무서웠던 겁니다. 지금 돌아보면 참 어리석었지만, 그때는 정말 무서웠지요.

초등학교 다니던 때를 돌아보면 어김없이 그 나무와 수돗가에 물 뜨러 가기 무서웠던 추억이 떠오릅니다. 그로부터 벌써 사십 년 정도가 지나서 이제는 이무기라는 동물도 실제로 존재하는 동물이 아니라는 걸 알게 됐고, 나무 안에 이무기가 산다는 것도 그냥 상상 속의 이야기일 뿐이라는 것도 잘 알지요. 그리고 여러 사람을 만나 어린 시절 이야기도 듣게 되고, 또 나무를 찾아 이곳저곳 떠돌아다니며 나무에 얽힌 이야기를 취재하게도 됐어요.

신기한 것은 어린 시절에 나를 그렇게 무섭게 했던 나무 전설이 우리 학교에만 있는 게 아니었다는 거였어요. 조금씩 달랐지만, 비슷비슷한 이야기는 정말 웬만한 마을 학교에는 죄다 있다는 걸 알게 된 거지요. 어른들에게 속았다는 느낌도 있지만, 그보다 조금은 터무니없어 보이는 이런 이야기가 이렇게 많이 전해오는 것에는 이유가 있을 것이라는 생각이 들었어요.

 무슨 이유일까요? 물론 초등학생이니 그런 상상 속 이야기를 믿고 무서워하지, 중학생만 돼도 그런 이야기는 이미 터무니없다는 걸 다 알잖아요. 그러면 순진하기 짝이 없는 초등학교 어린이들을 놀리기 위해서였을까요? 어른들은 세상에 재미난 일이 그렇게 없어서, 순진한 아이들을 놀리며 좋아했을까요?

 꼭 그것만은 아닐 겁니다. 혹시 그런 이야기를 들려준 어른들의 기억 속에도 그런 무시무시한 전설을 가진 나무들이 있는 건 아니었을까요? 어른들에게도 무섭기만 했다면 그리 좋은 기억이 아닐 텐데, 왜 다시

그런 이야기를 들려주었을까요? 분명한 건 어른들에게도 나무 전설은 재미있고도 소중한 추억으로 남았기 때문입니다.

  더 중요한 사실이 하나 있어요. 나이가 들기 전, 달리 이야기하면 어린이들이야말로 나무와 자연의 소중함을 잘 깨달아야 할 때라는 걸 강조하기 위한 이야기라는 겁니다. 그냥 자연과 나무가 소중하니, 잘 지키자고 이야기하는 것만으로는 재미있지도 않고 마음에 담아 두기도 힘듭니다. 그러나 이무기 이야기처럼 무서우면서도 재미있었다면 아무리 허무맹랑해도 오래 기억할 수밖에 없어요. 그런 추억을 간직하고 자라난 아이들이라면 나중에 어른이 되어서라도 나무의 의미와 가치를 잊지 않겠지요.

지금 당장 우리 주변과 학교를 둘러보아요. 어떤 나무가 있나요? 어쩌면 그동안 전혀 눈에 띄지 않았던 나무들이 이제 눈에 들어올 겁니다. 우리 주위에 나무들이 우리와 함께 살아 있다는 사실에 대한 깨달음, 그것은 바로 자연을 보호하는 첫걸음입니다. 또 나무와 자연을 보호함으로써 우리가 더 풍요롭게 살아갈 수 있는 가장 올바른 길이기에, 우리 자신을 스스로 보호하는 일이기도 합니다.

폐교 운동장에 서 있는 늠름한 느티나무

나무가 좋다! 화순 야사리 이서분교 느티나무

처음 보는 나무이지만,
생김새만 보고도 재미있는 전설이 담겨 있을 듯한
느티나무가 있습니다.

전라남도 화순군 이서면 야사리 마을에 있는 나무입니다. 이 마을에는 화순 동면중학교의 분교인 이서분교가 있습니다. 학교에 다녀야 할 아이들이 많지 않아 따로 학교를 운영하기 어렵지만, 동면중학교까지 가려면 너무 멀어서 동면중학교에 딸린 분교가 된 거지요.

분교이지만, 건물도 꽤 크고 운동장도 널찍한 근사한 학교입니다. 느티나무는 재미있게도 운동장 한가운데에 있습니다. 멀리서 보면 한 그루의 커다란 느티나무처럼 보이지만, 실제로는 두 그루의 느티나무가 가까이 붙어서 자란 겁니다. 이 나무는 길을 지나다 우연히 찾게 된 나무인데, 무엇보다 학교 운동장에 있는 멋진 나무라는 점에서 눈길을 끌었어요.

어쩌면 학교 운동장에 있는 큰 나무를 보고는 마음속 깊이 남아 있는 어린 시절의 추억이 떠올라 눈길이 멈춘 건지도 모르지요. 가던 길을 멈추고 나무를 바라보며 운동장 안으로 들어섰어요. 커다란 나무가 운동장 한가운데에 있기 때문에 이 학교 어린이들은 축구 경기를 하더라도 나무를 피해서 해야 합니다. 가만히 생각해 보니, 이 나무는 아이들이 찬 축구공에 적잖이 맞으며 힘들게 자랐을 것 같아요. 하지만 부러진 가지도 별로 눈에 띄지 않고 멋지게 자랐습니다.

이 느티나무처럼 두 그루가 가까이 붙어서 자라는 나무들은 참 신기하게도 한 그루처럼 자란답니다. 두 그루에서 가지가 뻗어 나오면서 서로 맞닿는 자리가 생기는데, 이 부분에서 나무는 더 이상 가지를 옆으로 뻗지 않아요. 대신 기묘하게도 위로 자라지요. 그러니까 서로 붙어 있는 부분은 위쪽으로 크게 자라고, 반대쪽으로만 가지를 넓게 펼치는 겁니다. 직각삼각형의 직각 부분들을 서로 맞닿게 해서 큰 삼각형 하나를 만드는 것과 같은 모습입니다.

이서분교의 느티나무가 영락없이 그런 모습입니다. 한 그루씩만으로도 꽤 큰 나무인데, 그런 큰 나무 두 그루가 붙어서 나뭇가지를 펼쳐내고 있으니, 키도 키이지만 옆으로 펼친 가지의 품이 무척 넓어 보입니다.

두 나무는 키가 무척 큽니다. 두 그루 중 조금 더 큰 나무는 25미터나 되고, 다른 한 그루는 23미터쯤까지 키를 키웠어요. 가슴높이에서 잰 줄기둘레도 하나는 5미터가 조금 넘고, 다른 하나는 5미터가 조금 안 되는 정도로 두 그루가 비슷한 크기입니다. 두 나무는 모두 줄기 아래쪽, 뿌리 부분이 무척 굵어서, 가슴높이 줄기둘레의 두 배 가까이 됩니다. 이 뿌리 부분에는 오래전에 썩은 구멍이 생겼는지, 외과수술로 잘 막아준 흔적도 남아 있습니다. 그러나 여전히 싱그럽고 건강합니다.

운동장 한가운데인데, 나무가 있는 자리는 조금 높게 흙이 돋워져 있어요. 이건 일부러 흙을 돋워준 게 아닌 듯합니다. 거꾸로 평평하게 다져진 운동장 바닥이 원래보다 좀 낮아진 거죠. 그러니까 처음 이 자리에 운동장을 만들 때, 나무는 그대로 잘 보존하면서 땅을 평평하게 고르기 위해 주변을 잘 다듬은 것이지요. 그러면서도 나무뿌리가 다치지 않도록 나무 자리는 넉넉하게 잘 보존했습니다.

제법 넓은 운동장에 학교 건물도 그리 작은 건 아닌데, 학교는 무척 조용하더군요. 주위를 살펴보니, 운동장 맞은 편 끄트머리에서 이 학교 아이들 예닐곱 명이 선생님과 함께 그림을 그리고 있었습니다. 시선은

모두 바로 느티나무를 향해 있었습니다.

  수업 시간이었지만 가까이 다가가서 선생님과는 물론이고, 그림에 열중인 아이들과 이야기를 나누었어요. 아이들은 미술 시간이면 늘 저 나무를 그린다고 합니다. 왜 그러냐고 물으니, '그냥요'라는 대답 외에는 별말이 없어요. 하지만 아이들의 하얀 도화지 위에 나무가 서서히 자리 잡아가며 새겨지는 것처럼 나무는 아이들의 해맑은 눈망울을 통해 마음 깊숙이 새겨지고 있는 겁니다. 저 아이 중에 누군가는 고향을 떠나서 고단하게 살 수도 있을 겁니다. 그럴 때, 마음 깊숙이 새겨진 저 느티나무 한 쌍은 힘든 삶을 지켜줄 큰 힘이 되기에 충분할 겁니다.

이 느티나무는 500년 전 이곳에 마을이 만들어질 때부터 이 자리에 있었다고 합니다. 마을에서는 이 잘생긴 나무 앞에서 마을의 평화를 위해 제사를 지내왔고, 지금도 계속 지낸다고 합니다. 이 자리에 학교를 짓고 운동장을 만들 때에도 마을의 평화를 지켜주는 이 나무만큼은 온전히 보호하기로 하고 지금처럼 잘 보전한 겁니다. 나무 앞에는 근사한 제단이 놓여 있어서, 마을 제사가 이루어진다는 걸 알 수 있지요.

  이 느티나무와 내가 특별한 인연이 있는 것도 아니지만, 학교 운동장의 느티나무를 생각하면 어릴 때 내가 다녔던 학교도 떠오르고, 공연히 어린 시절의 추억이 떠올라서 자주 찾아갔어요. 처음 찾았을 때 이 나무는 산림청 지정 보호수였는데, 그로부터 몇 해가 지난 뒤에 전라남도 화순의 지방기념물 제235호로 새로 지정되었더군요. 나무를 더 잘 보호하자는 생각인 거죠.

  아쉬움도 새로 생겼어요. 학교가 문을 닫게 된 거였지요. 고작해야

전교생이 예닐곱 명이었던 이서분교는 지난 2008년 2월에 학생 일곱 명이 졸업하자 이제는 이 학교를 다닐 학생이 없어서, 문을 닫고 말았어요. 그해 봄에 이 학교를 찾아가니, 학교 정문에는 일곱 명의 이름을 일일이 새긴 '졸업을 축하한다'는 플래카드가 걸려 있었어요.

학교 안을 들여다보니 나무는 여전히 의젓하게 서 있는데, 학교의 주인인 아이들이 없어서인지 무척 쓸쓸해 보였습니다. 학생이 없으니 학교는 문을 닫을 수밖에 없겠지만, 나무만큼은 오래 지켜지기를 바랄 수밖에 없습니다. 물론 마을을 지켜주는 수호신으로서 나무는 아이들이 없어도 오랫동안 잘 지켜지겠지만, 바라보는 마음이 서글퍼지더군요.

오랜 세월이 흐른 뒤 이 학교에 다녔던 아이들이 모교를 떠올리면 누구라도 운동장의 저 느티나무가 먼저 떠오를 겁니다. 그리고 마음속에 떠오른 느티나무는 어린 시절의 가장 중요한 상징으로 오래 남을 것이고, 이 듬직한 느티나무처럼 어떤 어려운 일에 부닥치더라도 슬기롭게 잘 살아갈 힘을 얻을 수 있으리라 생각됩니다. 어린 시절에 가슴 깊이 새겨진 나무 한 그루가 더 소중한 까닭입니다.

어린 시절의
추억을 간직한
느티나무

나무가 좋다! 담양 대전면 대치리 느티나무

담양군 대전면 대치리는 비교적 사람이 많이 사는 마을이에요. 이 마을에는 한재초등학교가 있습니다. 마을에 아이들이 꽤 많아서, 학교 규모도 크고 늘 북적대는 분위기 또한 살아 있어 좋은 학교지요. 바로 앞에서 보았던 이서분교와는 정반대의 분위기입니다.

이 학교에 참 근사한 느티나무 한 그루가 서 있습니다. 천연기념물 제284호인 멋진 나무로 600살 된 큰 나무입니다. 키는 34미터이고, 가슴높이 줄기둘레는 9미터가 조금 안 되는 정도이지요. 땅에서 4미터쯤 되는 높이에서부터 가지를 사방으로 펼쳤는데, 동서 방향으로 29미터, 남북 방향으로 25미터나 펼쳤으니, 아주 큰 나무입니다.

이런 나무는 크기가 무슨 상관이고, 나이에는 또 무슨 의미가 있겠어요. 그냥 한 마디로 좋은 나무, 훌륭한 나무라 하면 끝입니다. 학교 운동장 가장자리에 우뚝 서서 운동장에서 뛰어노는 어린이들을 내려다보며 서 있는 풍광은 그야말로 장관입니다.

수업이 끝날 즈음이어서 교실 바깥 운동장이 왁자합니다. 나무 근처에는 이 학교 아이들이 재잘대며 뛰어다닙니다. 운동장에는 근처의 다른 학교 학생으로 보이는 중학생쯤의 남자아이들이 축구를 하며 소리칩니다. 그 모든 풍경이 한없이 싱그러워 보이는 것은 아마도 한쪽 끝에 우뚝 선 커다란 느티나무 때문인 것이 틀림없습니다.

천연기념물로 지정된 나무들이라면 대개는 나무 주위에 울타리를 치고 나무 가까이 다가가지 못하게 막아놓습니다. 한재초등학교의 느티나무도 천연기념물이지만 울타리가 없습니다. 아이들은 자연스레 나무 주위를 뛰어다니며 놉니다. 나무에 기대어 서서 가위바위보를 하고, 술래잡기하며 신 나게 뛰어다닙니다. 커다란 나무줄기를

빙빙 돌며 달아나는 아이를 다른 아이가 뒤쫓아 갑니다.

　어느샌가 나무 주위를 뛰어다니는 아이들 곁에 선생님이 나와서 함께 어울립니다. 아이들의 왁자한 웃음소리가 어찌나 흥겨운지 나무도 슬며시 미소를 지어 보입니다. 그 풍경을 느티나무의 넉넉한 품이 한가득 끌어안았습니다. 참 평화로운 초등학교 운동장의 저녁 풍경입니다.

　내력을 살펴볼 생각도 들지 않을 만큼 나무 주위의 풍경이 아름답습니다. 알고 보니, 남다른 이야기가 담겨 있습니다. 한 마디로 '임금의 나무'라 할 수 있는 훌륭한 나무입니다.

이 나무는 조선을 세운 태조 이성계가 전국을 돌아다니며 나라의 평화와 백성의 안녕을 위하여 기도할 때, 이 마을에 들렀다가 손수 심었다고 합니다. 임금의 위엄을 물려받아서인지, 늠름하고 의젓하게 서 있는 품이 그야말로 나무 중의 임금 모양입니다. 나무 아래서, 혹은 운동장에서 뛰어노는 아이들을 굽어살펴보는 듯, 가만히 서 있는 모습이 여간 듬직한 게 아닙니다.

　우리 민족 모두가 평화롭게 살 수 있도록 마을과 사람을 지키며 이 땅에서 살아온 느티나무들, 이제는 우리 손으로 지켜야 합니다. 그건 나중에 해야 할 일이 아니라, 지금 당장 해야 할 일입니다. 나무를 지키기 위해서 할 수 있는 일이 없다고요? 아닙니다. 바로 우리 곁에 있는 나무들을 한 번 더 바라보고, 나무와 함께 숨 쉬어 보는 것, 그것이 나무를 지키는 첫걸음입니다.

　오랫동안 평범한 백성의 가장 친근한 벗이었고 수호자 노릇을 해온 느티나무는 다른 어떤 나무 못지않게 우리가 가장 소중하게 지켜야 할 우리 나무입니다.

찾아보기

나무는 겨울을 어떻게 보낼까? 40
나무의 굵기는 어떻게 잴까? 86
느티나무가 숲 속에서 오래 살지 못하는 까닭은? 27
느티나무는 어디에 쓰일까? 66
느티나무는 어디에서 살까? 22
느티나무는 어떤 종류가 있을까? 43
느티나무는 얼마나 오래 살까? 52
느티나무도 꽃을 피울까? 40
어떤 나무를 천연기념물로 지정할까? 45, 46, 49
천연기념물로 남아 있는 느티나무는 모두 몇 그루일까? 46

감나무 54, 55
겨울잠 40, 41
고사목 61, 62, 63, 65
곰솔 46
과 22, 24
광합성 40, 66
괴산 오가리 느티나무 12
그리스로마 신화 107, 109
금줄 17, 28, 94
긴잎느티나무 43, 44, 46
김제 봉남면 행촌리 느티나무 48

나무의 외과수술 91
나이테 23
남원 보절면 진기리 느티나무 84
남해 고현면 갈화리 느티나무 56
느릅나무 24
느릅나무과 24, 25

느티나무 껍질 43
느티나무 꽃 41, 42, 111

단풍 40, 41, 63
담양 대전면 대치리 느티나무 154
당산나무 16, 28, 92, 97, 103, 105
당산제 15, 17, 92, 94, 95, 97, 100, 103, 105
두륜산 만일암 느티나무 116
두물머리 느티나무 30
둥구나무 75, 77
둥근잎느티나무 43

목련과 24
목본식물 23
물푸레나무 44

반송 46
백송 46
백지사터 130
버드나무 24, 66
보호수 10, 13, 32, 36, 152
부여 성흥산성 느티나무 34

삼척 도계읍 도계리 긴잎느티나무 44
상괴목 14, 17, 19
세계문화유산 61
소나무 9, 10, 46, 67, 68, 94
속 22
수꽃 42
식물분류 22, 24

암꽃　42
암수한그루　42
양주 남면 황방리 느티나무　88
영동 학산면 박계리 느티나무　74
영주 순흥면 영풍 태장리 느티나무　102
영주 안정면 단촌리 느티나무　26
오수의 개 느티나무　112
의령 현고수　70
익산 여산동헌 느티나무　128
잎겨드랑이　42

장수 천천면 봉덕리 느티나무　98
정자나무　9, 36, 59, 69, 75, 77, 80, 82, 85, 89, 97, 105, 139
주목　54, 66

처진소나무　46
천년수　118
천마총　69
천연기념물　14, 19, 32, 45, 46, 49, 51, 57, 73, 75, 99, 155
천연기념물 제273호　28
천연기념물 제276호　57
천연기념물 제280호　49
천연기념물 제281호　87
천연기념물 제284호　155
천연기념물 제382호　14
천연기념물 제396호　99
천연기념물 제407호　137
천연기념물 제493호　72

청량사 느티나무 고사목　60
초본식물　23
침엽수　24

팽나무　24, 82, 94
푸조나무　24, 82
풍게나무　24

하괴목　14, 16, 19
함양 학사루 느티나무　136
해인사 느티나무 고사목　60
화순 야사리 이서분교 느티나무　148
활엽수　24
회화나무　13

고규홍

이 책을 쓴 고규홍 선생님은 서강대를 졸업하고, 십이 년 동안 중앙일보에서 기자로 일했습니다. 1999년에 퇴직한 후, 이 땅의 크고 작은 나무 이야기를 글과 사진으로 엮어내 세상에 알렸지요. 사람들의 관심에서 밀려나 있던 나무를 찾아내 천연기념물로 지정되게 한 나무도 몇 그루 있습니다. 천연기념물 제470호인 화성 전곡리 물푸레나무와 제492호인 의령 백곡리 감나무가 그런 나무들이에요.

홈페이지인 솔숲닷컴(http://solsup.com)에 '나무를 찾아서' '나무 생각' 등의 칼럼을 쓰고, 이를 '솔숲의 나무 편지'라는 이름으로 독자들에게 십이 년째 배달하고 있어요. 이 홈페이지는 정보통신부에서 지정한 '청소년 권장 사이트'랍니다.

그동안 나무를 찾아보며 쓴 글과 사진을 모아, 『이 땅의 큰 나무』(2003), 『절집나무』(2004), 『옛집의 향기, 나무』(2007), 『주말이 기다려지는 행복한 나무여행』(2007), 『나무가 말하였네』(2008), 『천리포에서 보낸 나무편지』(2011) 등 여러 권의 책과 나무 사진집 『동행』(2010)을 펴냈어요. 아이들을 위해 『알면서도 모르는 나무 이야기』(2006)도 썼습니다.

현재 한림대와 인하대의 겸임교수로 활동하며, 신문과 주간 시사 잡지, 월간 잡지 등에 나무 칼럼을 쓰고 있어요. 앞으로 힘이 될 때까지 사람과 나무가 더불어 살아가는 아름다운 살림살이를 찾아내기 위해 이 땅의 나무들을 더 열심히 만나보려 해요. 특히 이 땅의 내일을 아름답게 꾸밀 우리 아이들에게 정말 필요한 나무 이야기를 더 재미있게 더 많이 들려주기 위해 애쓰고 있답니다.

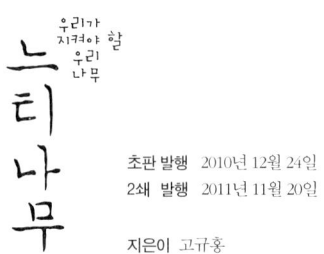

초판 발행 2010년 12월 24일
2쇄 발행 2011년 11월 20일

지은이 고규홍

펴낸이 진선희 **펴낸곳** 도서출판 다산기획 **등록** 제313-1993-103호
주소 (121-840) 서울 마포구 서교동 451-2
전화 02-337-0764 **전송** 02-337-0765
ISBN 978-89-7938-051-4 03480 | 978-89-7938-049-1 (set)

ⓒ 2010 고규홍

* 잘못 만들어진 책은 바꿔드립니다.